INHALT

1. Es ging ein Jäger aus zu jagen   5

2. Ein Mann namens Hiob   15

3. Zwei ungleiche Schuhe   31

4. Das Kirchensilber   39

5. Die Schiffersfrau aus Sembla   51

6. Die Stiftung   62

7. Die Magd des Pfarrers   74

8. Elias Himmelfahrt   90

9. Der Reichtum der Armen   101

10. Ein Landfiskal auf Urlaub   117

Axel Hambraeus

Geschichten aus Dalarne

Zehn Erzählungen

Aus dem Schwedischen ausgewählt
und übersetzt von Ilse Meyer-Lüne

BRUNNEN

VERLAG GIESSEN · BASEL

ABCteam Bücher erscheinen in folgenden Verlagen:
Aussaat Verlag Neukirchen-Vluyn
R. Brockhaus Verlag Wuppertal und Zürich
Brunnen Verlag Gießen und Basel
Christliches Verlagshaus Stuttgart
Oncken Verlag Wuppertal und Kassel

Lizenzausgabe 1999 Brunnen Verlag Gießen
mit Genehmigung des
Theologischen Verlags Zürich © 1959
Umschlagbild: Renate Diehl
Umschlaggestaltung: Ralf Simon
Satz: DTP Brunnen
Herstellung: Ebner Ulm
ISBN 3-7655-3996-1

Es ging ein Jäger aus zu jagen

Ränners Paul war in der letzten Zeit ganz verändert. Das war kein Wunder. Er hatte sich verliebt. Aber das wußte nur er. Zunächst begriff er allerdings selber nicht, wie ihm geschah, denn so etwas erlebte er noch nie.

Es begann damit, daß ihm eines Tages bei Nygårds Petter plötzlich klar wurde, daß Marja, Petters jüngste Tochter, ein Otterfell haben sollte.

Weshalb sie es haben sollte, wußte er nicht. Aber ein Otterfell mußte sie haben. Warum denn? Ja, wenn er sie betrachtete, wie sie in der Küche so hin und her ging, damit beschäftigt, das Geschirr abzutrocknen und eine Schüssel nach der andern in den Schrank zu stellen, fand er, daß sie sich so fein und geschmeidig wie ein Otter bewegte. Und wenn sie sich ihm zuwandte und zuhörte, wenn er sich mit Nygårds Petter über seine Jagdabenteuer unterhielt, fand er, daß ihr kleines schmales Gesicht mit den dunklen, etwas feuchten Augen den gleichen wieselartigen Ausdruck wie ein Otter hatte, wenn er seine Nase hervorsteckte und rings herum äugte, um sich vor lauernden Gefahren zu hüten.

Sie soll ein Otterfell haben, dachte Ränners Paul. Das nächste Mal, wenn ich einen Otter erlege, soll sie das Fell haben.

Und eines Nachts erlegte Paul einen Otter.

Seltsam. Jedesmal, wenn er sonst etwas geschossen hatte, pflegte er nach Hause zu gehen. Dann hängte er die Beute in den Schuppen, wo keine Hunde oder Raubtiere sie erreichen

5

konnten, und fiel ins Bett, im Nebenhause, wo er wohnte, und schlief bis zum hellen Tage.

Aber diesmal konnte er nicht nach Hause gehen und sich ausruhen.

Er balgte den Otter sorgfältig ab und schabte die Innenseite des weichen Fells ganz sauber. Aus geschmeidigen Weidenruten flocht er ein Gestell, auf das er das Fell spannte. Dann blieb er dabei sitzen und dachte, wie Marja sich freuen würde, wenn sie das Fell erhielte.

Es war eine helle Frühlingsnacht, noch frostig und kalt, doch wunderschön. Der Granfluß rauschte singend vorüber, die Erlenbüsche hingen mit ihren Kätzchen weit über das Wasser. Hin und wieder flog ein schlaftrunkener Vogel hoch und fiel auf einen Zweig nieder, der erzitternd eine ganze Wolke von Blütenstaub in die Luft streute. Mitten im Fluß erhob sich eine große, flache Felsenplatte. Bisweilen pflegte Ränners Paul hinauszuwaten, um dort Forellen zu angeln. Aber jetzt trug er keine Angel bei sich, und auch wenn er eine gehabt hätte … Nein, er konnte nicht zu Nygårds Petters Marja mit nassen Hosen kommen, um sein Otterfell abzuliefern.

Die Zeit verrann langsam wie das Wasser des Granflusses. Die Sonne stieg immer höher und weckte den Wald zum Leben. Tausend kleine Geschöpfe krochen hervor. Ein gelber Schmetterling kam geflogen, leuchtete plötzlich auf, von einem Strahl der Sonne getroffen, und erlosch wieder, als er im Schatten verschwand. Ein Eichhörnchen hüpfte daher, setzte sich hin und sah Paul an. Sprang wieder ein Stück, kam zurück und äugte. Paul drehte langsam den Kopf. Es mußte etwas in der Nähe geben, was das Eichhörnchen haben wollte. Ganz recht. Einige Meter weiter rechts stand eine junge Fichte mit gebrochener Krone. Ein neuer Stamm war in die Höhe geschossen. Aber in der Gabel zwischen dem neuen und dem alten Stamm steckte ein

Tannenzapfen. Das Eichhörnchen ist ein feiner kleiner Herr. Es sucht im Herbst die Tannenzapfen vom Boden auf und klemmt sie in Spalten und Gabeln, wo sie im Winter leicht zu erreichen sind, aber so fest sitzen, daß man sie nur schwer losreißen kann.

Paul hätte das Eichhörnchen schießen können, doch es machte ihm viel mehr Vergnügen zu sehen, ob es sich an den Tannenzapfen heranwagen würde. Immer wieder lief das kleine Tier ein Stückchen vorwärts, machte aber dann wieder kehrt. Es kam aber immer wieder zurück. Offenbar wollte es gerade diesen Tannenzapfen haben und keinen anderen. Sicherlich hatte es anderwärts auch noch Tannenzapfen. Aber heute wollte es gerade diesen haben.

Da wurde es Ränners Paul klar, daß er in Marja verliebt war. Es gab wohl tausend Mädchen in der Welt, denen er ein Otterfell schenken könnte. Warum wollte er es gerade Marja geben? Warum nicht Lina in Laxsjö oder Ellen in Loberget oder … Ha, da war das Eichhörnchen wieder. Ob es sich jetzt heranwagte? Das interessierte Paul nun lebhaft. Er mußte bleiben und beobachten, wie das zuging. Und er dachte, so hartnäckig wie das Eichhörnchen um seinen Tannenzapfen rang, so hartnäckig mußte er sein, um Marja zu gewinnen. Er blieb Stunde um Stunde sitzen. Und immerfort setzte das Eichhörnchen von neuem an. Es kam näher und näher.

Paul saß wie eine Bildsäule. Er bewegte sich nicht einmal, als er sah, wie am gegenüberliegenden Ufer ein Otterweibchen, das offenbar trächtig war, seine Schnauze aus einem Erdloch streckte. Außerdem durfte man jetzt keine Otterweibchen schießen. Es würde bald Junge werfen. Und man will ja nicht seine eigenen Jagdgründe zerstören.

Immer näher kam das Eichhörnchen. Es wollte sich keiner Gefahr aussetzen, wollte sich vergewissern, ob dasjenige, was wie ein Mensch aussah, nichts Gefährliches sei, ehe es sich an den Tannenzapfen heranmachte.

Muß ich wirklich solche Geduld mit Marja haben?, dachte Ränners Paul. Die Zeit war nun schon so weit vorgeschritten, daß er sehr gut zu Nygårds Petters gehen und sein Fell abliefern konnte. Doch er wollte warten, bis das Eichhörnchen kam. Sie wundern sich gewiß zu Hause, daß ich nicht zum Frühstück komme, dachte Paul. Aber er blieb sitzen.

Das Eichhörnchen ermüdete nicht. Tiere wissen sicherlich nicht, was Zeit ist, überlegte Paul. Die einzige Zeit, die sie einhalten, ist, wenn sie umeinander freien oder wenn es Zeit ist, Nahrung für den Winter zu sammeln oder in ihr Winterlager zu kriechen.

Es war schon spät am Vormittag, als das Eichhörnchen sich endlich an die Baumgabel heranwagte. Flink wie … ja, flink wie ein Eichhörnchen war es oben an der Gabel, riß den Zapfen mit einem Ruck los und sprang den Kiefernast empor, der über das singende Wasser des Granflusses hing. Die Schuppen des Tannenzapfens wirbelten. Obwohl das Eichhörnchen ganz von seiner Mahlzeit in Anspruch genommen war, hatte es hin und wieder Zeit, den Kopf zu wenden und Paul anzusehen.

Habe ich so lange gewartet, kann ich dir auch gönnen, in Ruhe zu fressen, dachte Paul. Und erst als kein Samenkorn mehr zu finden war und der abgenagte Zapfen ins Wasser fiel, stand Paul auf, schüttelte die Müdigkeit aus seinen Gliedern, nahm die Büchse und das Fell und begab sich zu Nygårds Petter.

Sie hatten schon gefrühstückt, und Marja stand wie gewöhnlich am Spültisch und trocknete das Geschirr, als Paul hereinkam. Marja war allein zu Hause.

„Das sollst du haben", sagte er und reichte ihr das glänzende, weiche Fell.

Marja sah zuerst auf das Fell und dann zu Paul; und wieder auf das Fell.

„Warum soll ich das bekommen?" fragte sie.

„Weil . . . weil keine andere als du es haben soll", antwortete Paul.

Und damit ging er seines Weges.

Seine Mutter hatte zu Hause mit dem Essen gewartet.

„Wo bist du gewesen?"

„Auf Jagd."

„Hast du etwas geschossen?"

Keine Antwort.

„Da wirst du hungrig sein."

Paul aß.

Dann ging er ins Nebenhaus und legte sich schlafen. Er schlief den ganzen Tag. Abends kam er zum Essen herein.

Die Mutter sah ihn bekümmert an.

„Willst du heute wieder auf Jagd gehen?"

„Ja, das will ich."

„Möchtest du heute nacht mehr Glück haben."

Diese Nacht jagte Paul weiter flußabwärts. Er wollte nicht in Versuchung geraten, das Otterweibchen zu erlegen. Und Marja bekam wieder ein Fell.

Als sie das dritte Fell erhielt, begann sie zu verstehen.

Aber Paul sagte nichts. Und da er nichts sagte, konnte sie ja auch nichts sagen. Sie trafen sich bisweilen bei anderen Leuten. Doch da wichen sie einander aus. In der Mitsommernacht tanzte Paul mit andern Mädchen, und Marja tanzte mit andern Burschen.

Beide litten darunter, aber Paul brachte es nicht über sich, Marja zum Tanz aufzufordern. Nein, das wäre nicht zu ertragen, dann wüßten alle Leute, wie es um ihn bestellt sei, und die Leute sind so, daß sie leicht alles Schöne zerstören. Außerdem konnte er sich nicht vorstellen, daß Marja die Seine werden wollte. Sie war ja so fein, geschmeidig wie ein Wiesel und zart wie das weichste Otterfell.

Die Burschen freiten um Marja, doch Marja sagte nein. Und alle fanden, daß sie steif, schroff und hochmütig sei. Paul hörte das und glaubte es auch.

Die Mädchen warfen Paul sehnsüchtige Blicke nach, aber er sah es nicht, und sie sagten, er sei kalt wie Eis auf dem Granfluß, wo er sich meistens aufhielt.

Wenn Marja in den Speicher ging, um Hartbrot oder Speckstücke zu holen, sah sie ein ganzes Bündel von Otterfellen an den Kleiderhaken an der Wand hängen. Ich habe bald einen ganzen Pelz, dachte sie. Aber es wird nie ein Pelz, wenn Paul nicht um mich freit. Warum sagt er denn nicht ein Wort, der dumme Junge!

Paul sagte nichts. Er brachte auch kein Fell mehr. Und der Sommer verging und es wurde Herbst. Auch der Herbst hat seine Blumen. Aber keine war wie Marja. Sie sah aus wie der Frühling selbst, wenn sie mit dem Milcheimer über den Hofplatz schritt. Sie war in ihrem blühendsten Alter, und wenn Paul sie einmal sah, hatte er das Gefühl, als müßte er sich verstecken. So viel Sonnenschein konnte ein armer Nachtjäger nicht aushalten.

Es ging auf Weihnachten. Und zu Weihnachten sollte Marja ihr letztes Otterfell haben. Paul hatte sich entschlossen, das Otterweibchen zu erlegen. Wenn er Marja nicht bekam – und sie konnte er nie bekommen –, dann würde er nie mehr Otter jagen, und dann machte es nichts aus, wenn er sich seine Jagdgründe verdarb.

Aber das Otterweibchen war nicht leicht zu erlegen. Es ist schlimmer als Marja, sagte sich Paul in einem bitteren Versuch zu scherzen. Nacht für Nacht wachte er an der Felsplatte am Granfluß.

Es wurde kalt, und Eis begann den Granfluß zu bedecken. Aber immer noch gab es einige Löcher im Eis, durch die der Otter gleiten und fischen konnte, um zu seiner täglichen oder nächtlichen Nahrung zu kommen.

Paul wurde immer eifriger, je näher Weihnachten herankam. Seine Mutter sah besorgt, wie er abmagerte. Er hatte keinen rechten Appetit mehr. Als sie ihn fragte, was mit ihm sei, antwortete er: „Gar nichts, Mutter", und er vermied, ihr in die Augen zu blicken.

Paul war schlau, aber das Otterweibchen war noch schlauer. Oft hatte er es aufs Korn genommen, wenn es die Schnauze vorsichtig aus einem Loch steckte. Er hätte es leicht treffen können, aber dann wäre es unter dem Eis verschwunden; es wäre vergeblich gewesen, es unterhalb der Stromschnelle im offenen Wasser zu finden. Er mußte es erlegen, wenn es sich in ein Loch schlich oder herauskroch und mit seiner Beute an Land ging. Die Ottern verzehren ihren Fisch immer an Land, beginnen mit dem Fischkopf und lassen den Schwanz übrig. Fand man einen abgebissenen Fischschwanz, wußte man, wo der Otter seine Mahlzeit gehalten hatte.

Düster und kalt brach die Nacht vor dem Weihnachtsabend herein. Das Wasser war so stark gefroren, daß es nur noch einzelne Löcher gab. Paul bemerkte, wie der Otter in ein Loch geglitten, aber nicht wieder herausgekommen war. Er kroch vorsichtig aufs Eis hinaus und verstopfte zwei der Löcher. Das eine mit seinem Mantel, das andere mit seiner Wolljacke. Über dem Hemd trug er eine Weste aus Wildleder. Er zögerte einen Augenblick, aber dann opferte er auch diese. Er war vom Jagdfieber so gepackt, daß er nicht spürte, wie die Kälte in sein verschwitztes Hemd drang.

Er setzte sich hin und wartete gespannt. Wenn er ganz still saß, fühlte er die Kälte nicht. Es war ihm, als ob ihn ein Nebel umgäbe, nur bei der geringsten Bewegung wurde die schützende Nebelhülle zerrissen.

Jetzt endlich! Der Otter streckte die Schnauze heraus. Im Maule zappelte ein Fisch. Er glänzte im Lichte von Schnee und

Sternen. Der kleine Kopf des Otterweibchens bewegte sich hin und her. Langsam kroch es aus dem Loch. Paul hob lautlos die Büchse. Ein Blitz und ein Knall: Das Otterweibchen lag tot auf dem Eise, und der Fisch zappelte ein Stück weit davon entfernt. Das Eis knackte, als Paul zum Otter hinauskroch. Den Fisch warf er wieder ins Loch.

Paul zündete Feuer an – er fand trocknes Holz in der Nähe. Er hängte sein nasses Zeug auf, das schnell zu Eis erstarrte, und balgte den Otter ab, solange er noch warm war. Es war das prächtigste Tier, das er je geschossen hatte. Er flocht einen „Deckel", um das Otterfell aufzuspannen. Dann hielt er seine Lederweste übers Feuer, bis sie fast brannte, und zog sich das heiße Zeug an. Außen gefror es sofort zu einem Panzerhemd. Mantel und Wolljacke waren steif wie Stockfische. Er warf die Büchse über die Schulter, ließ das Feuer brennen und begab sich zu Nygårds Petters Haus.

Es war tiefe Nacht, und alle schliefen. Nicht einmal der Hund wachte auf, als er vorsichtig die Außentür öffnete. In den eiskalten Flur stellte er lautlos das schon steifgefrorene Fell und eilte dann nach Hause wie ein Dieb, der fürchtete, entdeckt zu werden.

Es war kalt im Nebenhause. Er zog sich aus und kroch zwischen einige Felle.

Sie mußten den Doktor rufen, wenn es noch so teuer war. Paul lag in hohem Fieber und phantasierte. – Lungenentzündung! sagte der Doktor. Er werde es vielleicht überstehen, denn er habe einen prächtig gesunden Körper, allerdings sei er unglaublich mager.

„Ja", sagte die Mutter, „er ist in letzter Zeit so verändert gewesen. Er ist abgemagert und hat keinen Appetit gehabt, und ständig war er draußen, um zu jagen."

Und die Mutter erzählte, wie jetzt allgemein bekannt war, daß Paul alle seine Otterfelle zu Nygårds Petters Marja gebracht habe.

12

„Der Bursche ist ganz einfach verliebt", sagte der Doktor lachend. „Daß das keiner begriffen hat! Das ist das einzige, was ihm fehlt. Wenn man sich mitten in eiskalter Winternacht völlig auszieht, um ein Otterfell zu erbeuten, dann ist man entweder verrückt oder verliebt, und das eine ist im übrigen ebenso schlimm wie das andere! Holt das Mädchen her, dann kann sie ihn gesund pflegen. Das ist die beste Medizin."

Aber Marja brauchte nicht geholt zu werden.

Als sie hörte, daß Paul krank war, packte sie sogleich ihre Sachen in ein Bündel und sagte ihrer Mutter Lebwohl.

„Ihr müßt euch einige Tage allein behelfen, Mutter, ich gehe und sehe nach Paul. Ich muß ihm doch etwas tun für all die Felle, die er mir geschenkt hat."

Die Mutter fand das nicht mehr als recht.

Es gab ein altes Schrankbett mit Vorhang in einer Ecke des Nebenhauses. Dort lag Marja nachts, während sie über den Kranken wachte.

Paul war so krank, daß er sie nicht erkannte. Der früher so starke und kräftige Bursche war nicht wiederzuerkennen. Er war so mager, daß sich die Haut immer mehr über seine Backenknochen straffte, und die Bartstoppeln machten ihn auch nicht schöner! Seine Augen starrten wild, wenn er seine schrecklichen Hustenanfälle hatte, die ihm offenbar Brustschmerzen verursachten, denn bisweilen wimmerte er laut.

Aber Marja sah nichts von alledem. Sie sah nur den starken Jäger, der mit dem ersten Otterfell zu ihr kam und sagte: Das sollst du haben … denn keine andere soll es haben. Es gab keine andere für Paul, und es gab auch für Marja keinen anderen. Das fühlte sie schon das erste Mal, als er mit dem stummen Geschenk des Waldjägers vor sie hintrat: das war die Sprache, die er sprach.

Marja pflegte Paul tagsüber, nachts wachte und betete sie.

Auch sie wurde mager. Das kleine wieselartige Gesicht wurde kleiner und feiner. Die dunklen feuchten Augen wurden noch dunkler und feuchter.

Aber eines Morgens schlug Paul die Augen auf und sah sie an. Er hatte so viele Gesichte in diesen entsetzlichen Nächten gehabt, daß er glaubte, auch jetzt eine Erscheinung zu sehen.

Er schloß seufzend die Augen und öffnete sie wieder. Nein, die Erscheinung war noch da. Er versuchte sich aufzurichten, aber konnte es nicht. Marja schob ihren schmalen, sehnigen Arm unter seine Schulter.

„Bist du das wirklich, Marja?"

„Ja, das bin ich, Paul."

„Bist du zu mir gekommen?"

„Ja, Paul."

„Und du bleibst bei mir?"

„Ja, Paul."

Paul holte tief Atem und sank auf das Kissen zurück.

Er schlief wie ein glückliches Kind, und Marja setzte sich wieder an sein Bett.

Sie wußte nun, daß er wieder gesund werden würde.

Ein Mann namens Hiob

Schon im Treppenaufgang hörte er die Töne aus dem ersten Satz des Haydn-Quintetts. Darum klingelte er nicht am Haupteingang, sondern klopfte leise an die Küchentür. Die Hausgehilfin öffnete. Sie trug ein schwarzes Servierkleid mit einer hübschen kleinen weißen Schürze und ein gestärktes Häubchen in ihrem schwarzen Haar.

„Aber Herr Lektor soll doch nicht diesen Weg gehen", sagte sie lächelnd.

Der Lektor legte den Finger auf den Mund:

„Leise, leise, meine Gnädige, hören Sie nicht, daß die da drinnen schon spielen? Das ist Haydn, wissen Sie, und das ist schön, so etwas darf man nicht stören."

Darauf schob der Lektor das Mädchen sanft beiseite und trat in die Küche. Es duftete herrlich nach gebratenen Zwiebeln und kleinen appetitanregenden Fleischklößchen. Jaja, die musikalischen Abende des Doktors ließen nichts zu wünschen übrig.

Der Lektor, der offensichtlich in des Doktors Küche zu Hause war, zog eine Schublade auf und holte eine kleine Gabel hervor, dann brach er sich ein Stück Hartbrot ab und spießte sich ein Fleischklößchen direkt aus der Pfanne auf dem Herd. Mit dem Brotstück in der einen und der Gabel in der anderen Hand winkte er Majken abwehrend zu und verschwand in der Wohnung.

Majken ging an ihre Arbeit zurück. Aber vorher warf sie einen Blick in den Spiegel in ihrer Kammer hinter der Küche. Ihre

Wangen waren gerötet. Der Lektor war doch zu freundlich, daß er immer den Küchenweg ging und so verbunden mit den einfachen Leuten war, eine kleine Hausgehilfin genau so wie einen geachteten Menschen zu behandeln. Und doch soll er ein Atheist sein. Daß ein Mensch, der nicht an Gott glaubt, so freundlich sein konnte! Majken gehörte zu einem kirchlichen Jugendkreis, und dort hatte einer der Jungen, der das Gymnasium besuchte und einen Bibelkreis leitete, einmal erzählt, daß der Lektor der Philosophie nicht an Gott glaube, sondern Atheist sei. Majken war ganz erschrocken, als ein so gottloser Mensch zum ersten Mal zu Doktors zu Besuch kam. Ihre Hand zitterte, als sie ihm aus dem Mantel half, aber plötzlich gab ihr der Lektor die Hand und fragte: „Wie heißen Sie denn, meine Gnädige?" Majken knickste so tief, als sie ihren Namen sagte, daß sie kaum wieder in die Höhe kam, denn die Knie wurden ihr plötzlich so schwach. Aber seit dem Tage mochte sie den Lektor von allen Gästen des Doktors am liebsten leiden. Er war der einzige, der sie wie einen Menschen behandelt und ihr die Hand gegeben hatte – mit Ausnahme des Pfarrers natürlich. Die anderen, besonders die Damen, sahen sie gar nicht an. Sie war ihnen wie Luft. Das mußte wohl in der Stadt so sein, in der vieles so anders war als auf dem Lande, wo es unter den Menschen keine Unterschiede gab.

Der Lektor war unterdessen von der Küche aus durch den langen Flur gegangen, der zur Halle führte. Fleischkloß und Brotstück hatte er verzehrt, und die Gabel legte er auf den Vorplatztisch, wo die Frau des Hauses sie später fand und über ein neues Rätsel nachgrübeln konnte neben allen anderen, an denen das Leben so reich war.

Vom Vorplatz schlich der Rektor sich ins Sprechzimmer des Doktors. Dort ließ er sich in einem bequemen Ledersessel nieder, schloß die Augen und lauschte.

Die Tür zum Salon stand offen. Dort saßen mitten im Raume

auf einem großen Perserteppich die vier Quartettspieler. Doktor Söberg, erste Geige, ein untersetzter, etwas korpulenter Herr aus Schonen, mit einem lebhaften Temperament und einer tadellosen Violintechnik. Dann der Bahnhofinspektor Palm, zweite Geige, ein militärisch rüstiger Herr mit einem trockenen Humor und voller witziger, bisweilen gewagter Geschichten. Ferner Pastor Ahle, Bratsche, hager, dunkel, mit tiefen brennenden Augen, ebenso glühend für Musik begeistert wie für seinen Beruf. Und zuletzt der Großkaufmann Henriksson, Cellist, robust und phlegmatisch. Seine dicken, ringgeschmückten Finger schienen durchaus nicht geeignet zu sein, Cello zu spielen, und doch konnte er sein Instrument so zum Klingen bringen, daß die Damen der Stadt vor Seligkeit hinschmolzen oder tief gerührt waren, wenn er sein Spiel auf einer Abendgesellschaft im Hotel oder bei einer Begräbnisfeier in der Kirche hören ließ.

Lektor Hägermark spielte selbst kein Instrument. Doch er liebte Musik auf seine eigene Weise. Er pflegte halb scherzend, halb ernst zu sagen: „Die einzige Religion, die ich habe, ist die Musik." Was er dachte oder fühlte, wenn er dort mit geschlossenen Augen saß und dem Quartettspiel lauschte, hat wohl nie jemand erfahren. Aber soviel ist gewiß: Wer heimlich einen Blick auf ihn geworfen hätte, würde einen verklärten Zug auf dem – trotz einer bisweilen gezwungenen Glätte – tief schwermütigen Gesicht gesehen haben. Lektor Hägermark war kein üblicher Lehrer. Er sah eher aus wie ein Schauspieler, der so viele schwermütige Masken getragen hatte, daß etwas von einer unheilbaren Tragik in seinem Antlitz haften geblieben war.

Außer dem Lektor gab es nur noch einen einzigen Zuhörer, die Frau des Doktors, denn das Quartett spielte eigentlich nur zu seinem eigenen Vergnügen. Die Doktorin Sjöberg war Sängerin gewesen, sogar in der Oper aufgetreten, und würde sicher eine große Zukunft gehabt haben, wenn sie nicht durch ein Nierenleiden zusammengebrochen wäre. Ihre Krankheit hatte eine schwere Melancholie bei ihr hervorgerufen, die nur zwei Dinge lindern konnten: einesteils die Musik und andererseits der köstliche Humor ihres Gatten. Einen fröhlicheren Menschen als Doktor Sjöberg konnte man sich kaum denken. Seine Krankenschwestern liebten ihn, und seine Patienten vergötterten ihn. Er summte ständig, sogar bei schweren Operationen, irgend ein Motiv aus seinen geliebten Klassikern vor sich hin.

Nun war der erste Satz des Quartetts beendet, und während die Instrumente für den wunderbaren zweiten Satz gestimmt wurden, sah Lektor Hägermark einen Augenblick auf. Da entdeckte er die Doktorin Sjöberg in einer Ecke des Salons. Sie saß unter einer abgeschirmten Lampe und nähte an einer Handarbeit. Er beobachtete ihre klassisch reinen Züge, die allerdings von einigen schmerzlich tiefen Mundlinien gestört wurden. Ihre Augenlider waren schwer und geschwollen wie bei einem Menschen, der häufig weint. Als die Musik wieder begann, schienen sich die tiefen Linien zu glätten, und als sie kurz aufsah und die Spielenden betrachtete, glänzte ihr Blick, als habe sie eine schöne Erscheinung gesehen.

Als das Quartett zu Ende gespielt war, erschien Majken in der Tür des Salons und meldete, das Essen sei angerichtet. Die Quartettspieler erhoben sich und legten sorgfältig ihre Instrumente beiseite. Die Doktorin ging ins Sprechzimmer, wo, wie sie wußte, Lektor Hägermark immer zu sitzen pflegte, und begrüßte ihn. Er bot ihr höflich den Arm, er war immer der Ehrengast bei den kleinen musikalischen Nachtessen. Bei Tisch wurde fast stets über Musik gesprochen. Doch wenn man sich dann im Salon niederließ, um zu rauchen oder eine kleine „Extrastärkung" zu nehmen, konnte das Gespräch auch auf andere Dinge kommen. Obwohl man in der Regel den Abend mit noch einem Quartett abschloß, konnte es lange dauern, bis man sich ausgesprochen hatte.

Wie es kam, daß man an diesem Abend über Religion sprach, weiß niemand recht. Vielleicht kam es daher, daß die Doktorin zur Heiterkeit der Zuhörer erzählte, daß Majken zu ihr in der Küche gesagt habe: „Denken Sie, ich habe mich fast in Lektor Hägermark verliebt, obwohl er ein Gottesleugner ist." Da hatte Pastor Ahle erwidert: „Ja, wenn alle Gottesleugner so wie Lektor Hägermark wären."

Und nun war das Gespräch im Gange.

Lektor Hägermark konnte ein entzückender Mensch sein, doch es gab ein Gebiet, auf dem er ganz einfach sachlich und rücksichtslos debattierte, und das war seine Lieblingswissenschaft, die Philosophie. Von seinem philosophischen Standpunkt aus war alles, was Religion hieß, „eitel Unwissenschaftlichkeit". Ohne zu bedenken, daß er vielleicht einen der Gäste verletzen konnte, ereiferte er sich: „Ich kann nicht verstehen, wie man so etwas wie Theologie Wissenschaft nennen kann."

Da fing Pastor Ahle Feuer. „Kann man Theologie keine Wissenschaft nennen?" fragte er. „Denkt nur an die gelehrten Arbeiten, die theologische Forscher leisten, um die Religionen der Erde zu studieren. Ist das keine Wissenschaft? Denkt an die philosophischen Bemühungen und Probleme, die mit der Bibel als Literatur verbunden sind. Denkt an die Quellenforschung über die hebräischen und griechischen Urkunden. Und denkt, welche Wissenschaft die Kirchengeschichte ist. Dazu die Dogmengeschichte. Bei all dem handelt es sich doch um geistige Realitäten. Um historische Tatsachen. Und das sollte keine Wissenschaft sein! Ebenso wie die Geschichte der Philosophie und der Philosophen eine Wissenschaft ist, so ist wohl auch die Geschichte der Religion und ihrer Männer eine Wissenschaft."

„Ich will zwar nicht abstreiten, daß es ein gewisses wissenschaftliches Studium gibt, wenn es sich um die Geschichte des Religiösen handelt", sagte der Lektor, „nur für das Religiöse selbst muß ich das leider ablehnen. Philosophie ist eine exakte Wissenschaft, sie beschäftigt sich mit dem menschlichen Denken, aber Religion, was ist das eigentlich? Es sind Fiktionen, Phantome, Einbildungen, Aberglaube."

Auf diese Worte, die der Lektor mit einem fast bitteren Zynismus sprach, überraschend für den, der ihn eben noch so gemütlich gesehen hatte, folgte ein Gemurmel von Einwänden in der kleinen Gesellschaft. Die einzigen, die schwiegen, waren die Doktorin und Pastor Ahle. Der letztere sah aus wie ein junger Streithengst, der bereit war, sich in einen Kampf auf Leben und Tod zu stürzen. Aber er kam nicht dazu, sich zu äußern, ehe Lektor Hägermark mit einer herausfordernden Geste seiner Hand, in der er eine rauchende Zigarre hielt, sagte: „Kannst du mir widersprechen, Ahle? Kannst du mir beweisen, daß das Religiöse eine Wirklichkeit ist?"

Pastor Ahle sah in diesem Augenblick gerade die Doktorin an, und es schien ihm plötzlich, als ob Lektor Hägermarks Frage von ihr käme. Im Blick des Lektors hatte er eine recht blasierte und gleichgültig rhetorische Frage gelesen. Aber in den Augen der Doktorin Sjöberg las er auf einmal eine brennende und angstvolle Verzweiflung. Ja, es war, als käme die Frage nicht vom Lektor, sondern von ihr. Den Lektor berührte die Sache nur theoretisch, für die er ein müdes und herablassendes Interesse hatte, doch für die Doktorin … In dieser Sekunde offenbarte sich ihm die ganze Tragik ihres Lebens: die abgebrochene Künstlerlaufbahn; die unheilbare Krankheit; eine harmonische, aber kinderlose Ehe als Hafen, in dem das gebrechliche Lebensschiff noch vor der Brandung des Todes lag. Eines Tages würde auch dieser Hafen nicht mehr genügen. Eines Tages würde der Sturm über sie kommen, das große entsetzliche Leiden, vor dem sie sich beständig im Geheimen ängstigte. Sie wußte selbst, daß es Krebs war, und alle Menschen wußten es, obwohl niemand daran denken mochte. Die schöne junge Frau! Pastor Ahle sah die angstvollen Augen auf sich gerichtet, und er suchte in seinem Gedächtnis, woran ihn dieser Blick erinnerte. Einmal in seinem Leben hatte er diesen Blick schon gesehen. Wo war das, und wer war das gewesen? – Jetzt wußte er es wieder. Nun erinnerte er sich daran.

Er begann zu erzählen. Es war seltsam mit Pastor Ahle. Er war mehr Künstler als Theologe, mehr Erzähler als Verkündiger. Jemand hat ihm einmal gesagt, wenn er predige, dann erzähle er, und wenn er erzähle, dann predige er. Vielleicht kam das nur daher, daß er sich mit seiner starken Phantasie so in das, was er erzählte, hineinlebte, daß es seinen Zuhörern ganz gegenwärtig wurde.

In diesem Augenblick glaubte er nicht mehr in einer luxuriös eingerichteten Doktorwohnung zu sein, sah sich vielmehr in einem dürftigen Krankenhaus auf dem Lande. Dort hatte er Doktor Sjöberg kennengelernt. Dieser war damals noch unverheiratet und hatte eine Vertretung im gleichen Kirchspiel, in dem Pastor Ahle seine erste Pfarramtstelle versah.

Nach dem Gottesdienst in der Kirche pflegte Ahle immer ins Krankenhaus zu gehen und dort den Patienten eine Andacht zu halten.

„Einmal, als ich in einen Saal trat", erzählte er, „bot sich mir ein schrecklicher Anblick. Da lag ein Krüppel, in meinem eigenen Alter, der den gehässigsten und verzweifeltsten Blick hatte, den ich je gesehen habe. Aber ehe ich weiter von ihm erzähle, möchte ich dich bitten, Sjöberg, zu berichten, wie du ihn fandest."

Doktor Sjöberg sträubte sich.

„Aber lieber Bruder Ahle", sagte er, „willst du wirklich, daß ich diese schreckliche Geschichte heute abend erzähle?"

„Wie du willst", meinte darauf Ahle. „Wir können sie ja übergehen."

„Nein, laß uns hören", bat seine Frau.

„Nun", sagte der Doktor, „ich kann mich ja kurz fassen. Die Sache war ganz einfach so, daß ich auf einer Dienstreise durchs Kirchspiel plötzlich den Einfall hatte, bei einem Krüppel nachzuschauen, den ich einmal für eine Unmündigkeitserklärung untersucht hatte. Ich sehe jenen Abend noch heute vor mir. Es war Mondschein und dreißig Grad kalt. Ich fuhr mit meinem Wagen in gutem Tempo durchs Dorf, hatte aber das bestimmte Gefühl, daß ich beim Hybertshof halten sollte. Als ich dort eintrat, entstand plötzlich eine große Unruhe in der Stube. Die Leute sprangen auf, als ob etwas geschehen sei. Man pflegt es sonst sehr gemächlich zu nehmen, wenn jemand in diesem Kirchspiel auf Besuch kam.

,Ich wollte nur einmal zu Anders hineinschauen', sagte ich.

,Ja, hm', antwortete der Bauer, der älteste Bruder von Anders, ,er ist jetzt nicht hier.'

,Wo ist er denn?'

,Er ist ausgezogen.'

,Wohin ist er denn gezogen?'

,Ja, er ist ausgezogen.'

,Aber wohin ist er denn gezogen?'

,Muß der Doktor das wissen?'

,Ja, das muß ich. Er ist mein Patient.'

,Niemand hat den Doktor gerufen. – Es geht jetzt gerade nicht.'

Als ich diese Worte hörte und sah, wie die Hausfrau am Herd ängstlich ihre Hände rang, merkte ich, daß da etwas nicht stimmte. Ich ging zu Hyberts Erik und sprach: ,Jetzt sagst du mir sofort, wo Anders ist, sonst werde ich auf andere Weise dafür sorgen, daß ich ihn finde.'

Darauf zündete Erik eine Laterne an und ging vor mir her auf den Hof. Ich hörte die Frau, die in ihrer Ecke zusammengesunken war, schluchzen. Wir gingen über den Hof zu einer Art Schuppen, vielleicht einem Brauhaus. Die Laterne erleuchtete einen elenden, eiskalten Raum, in dessen einer Ecke ein Bett stand. Darin lag Anders. Ich glaubte zuerst, daß er tot sei. Seine Augen waren unnatürlich starr nach der Decke gerichtet. Aber dann wandte er den Blick und sah mich an.

Ich sah mich zu Hyberts Erik um: ‚Was hat das zu bedeuten?‘

Erik wandte das Gesicht ab und spuckte auf den Fußboden.

‚Wir konnten ihn nicht länger im Hause haben. Er war zu abscheulich und böse.‘

‚Und da habt ihr ihn hierher getragen, um ihn los zu sein! Um ihn hier erfrieren zu lassen! Wißt ihr, daß ihr beinahe eures Bruders Mörder geworden wäret?‘

Erik spuckte wieder: ‚Hier ist es doch nicht kalt. Wir haben heute morgen eingeheizt.‘

Neben Anders' Kopfkissen stand ein Glas Wasser. Es war gefroren. Unter dem Bett stand ein Nachttopf. Er war gefroren. – Rasch untersuchte ich den Kranken. Er war steif gefroren, hatte Frostschäden an Gesicht und Händen. Wir wickelten ihn schleunigst in einige Decken, trugen ihn zum Wagen, und ich fuhr ihn zum Krankenhaus.“

Lektor Hägermark räusperte sich. „Wäre es wohl nicht besser gewesen, den Armen sterben zu lassen? Ich würde in seiner Lage dem Arzt nicht gedankt haben, der mich ‚gerettet‘ hätte.“

Doktor Sjöberg antwortete: „Wir Ärzte sind nicht Diener des Todes, sondern des Lebens. Wir haben einen seltsamen Drang, den Menschen zur Seite zu stehen und um ihr Leben zu kämpfen, solange es noch eine Hoffnung gibt.“

„Hoffnung worauf?“ fragte Lektor Hägermark.

„Auf Leben“, sagte Doktor Sjöberg einfach.

„Und auf die Ewigkeit“, fügte Pastor Ahle leise hinzu.

„Wie kannst du das bei so einem Fall sagen?“ fragte der

Lektor. Er hatte sich mit seiner Frage an den Doktor gewandt. Aber dieser erwiderte: „Hier endet meine Erzählung. Jetzt muß Ahle fortfahren."

„Als ich Hyberts Anders zum ersten Male sah", fuhr Ahle fort, „erschauderte ich bis ins Mark. Ich hatte noch nie einen so verzweifelten Menschen gesehen. Und seine ersten Worte waren wahrlich nicht geeignet, mir zu helfen.

,Was wollen Sie von mir?' rief er mit einer so verbitterten Stimme, daß es mir weh tat. ,Was wollen Sie von mir? Ein Pfarrer! Ich glaube an keinen Gott. Kommen Sie mir nur nicht mit frommen Sprüchen und Liedern!'

Dann streckte mir der Kranke seine verkrüppelten Arme entgegen. Die Arme hatten keine richtigen Hände, nur ein Paar Fleischklumpen, aus denen einige Fingerstümpfe hervorstaken.

,Sehen Sie, was für Hände ich habe! Und noch schlimmer sind die Füße. Und ein Rücken, auf dem ich nicht liegen kann. Können Sie an einen Gott glauben, Herr Pastor, wenn er einen Menschen so geboren werden läßt? Können Sie glauben, Herr Pastor, daß das Leben einen Sinn hat, wenn einen die eigene Mutter nicht sehen will, wenn die eigenen Geschwister einen ins Brauhaus tragen, damit man dort erfrieren soll? Das ist die einzige barmherzige Tat, die meine Angehörigen mir je erwiesen haben. Aber dann kam der Doktor und ,rettete' mich. Das war ein gutes Werk, nicht wahr? Und er wollte meinen Bruder und meine Schwägerin anzeigen, weil sie mir das Leben nehmen wollten. Aber ich sage, ich hätte sie selbst gebeten, mich in das Brauhaus zu tragen. Ich bin ein so elender Schwächling, daß ich mir nicht einmal das Leben nehmen kann. Wenn Sie mir etwas Gutes tun wollen, Herr Pastor, dann schlagen Sie mich tot. Das ist das einzige, wofür ich Ihnen dankbar sein würde. Aber das wollen Sie gewiß nicht. Denn das ist gegen Gottes Gebot! Du sollst nicht töten! Ja, ich kann

24

meinen Katechismus noch, obwohl ich nicht an Gott glaube. Aber nun können Sie gehen, Herr Pastor.'"

Pastor Ahle schwieg. Alle saßen schweigend da. Nur Lektor Hägermark wagte aufzuschauen. Er musterte seinen Freund Ahle mit einem neugierig beobachtenden Blick, in dem schließlich etwas Mitleid mit einem Menschen lag, der in eine klägliche Lage geraten war.

„Ja", sagte Ahle nach einer Weile, „ich wurde ja regelrecht zur Türe hinausgeworfen, es blieb mir nichts anderes übrig, als zu gehen. Ich hatte noch meinen Geigenkasten unterm Arm, und als ich in der Türe stand, entdeckte ihn Hyberts Anders.

‚Spielen Sie Geige, Herr Pastor?' fragte er. ‚Wollen Sie mir nicht etwas vorspielen? Ich habe Musik gern.'

Ich nahm meine Geige hervor und begann zu spielen.

Auf Anders' groteskes Gesicht trat ein heller Schimmer. Schließlich lächelte er. Ich hatte gar nicht geglaubt, daß dieses Gesicht lächeln könnte. ‚Sie müssen mir nicht böse sein, Herr Pastor', sagte er. ‚Ich meinte es nicht so schlimm, aber Sie können wohl begreifen, wie verzweifelt man manchmal ist. Besonders wenn jemand kommt und mit einem über Gott redet. Alle, die mit mir über Gott geredet haben, waren selbst gesund, konnten gehen und laufen, sich selber ankleiden und alles tun. So ist es nicht schwer, an einen Gott zu glauben. Aber wenn es einen Gott gibt, dann ist es ein grausamer und unbarmherziger Gott, der Menschen mit solchen schrecklichen Gebrechen straft, wie ich sie habe. Ich bin so geboren. Ich habe doch wohl nicht im Mutterleibe sündigen können. Und wenn meine Eltern gesündigt haben, warum soll ich dafür leiden?'

Ich wollte etwas sagen, aber er unterbrach mich. ‚Nein, nichts über Gott! Kommen Sie mir nicht mit der Bibel! Doch wenn Sie einige andere Bücher haben, Biographien oder Reiseschilderungen, dann können Sie mir gerne einige leihen.'

Ich lieh Hyberts Anders Bücher. Und wir unterhielten uns in der folgenden Zeit über alles mögliche, nur nicht über Religion. Und immer mußte ich ihm etwas vorspielen.

Einmal, als ich mit einem neuen Packen Bücher kam, sagte Anders mir recht schroff, daß er jetzt keine Bücher mehr leihen wolle.

Ich glaubte, daß es wieder irgendwo haperte, und erkundigte mich nach dem Grund.

‚Ja‘, sagte Anders und sah mich dabei etwas eigentümlich an, ‚ich habe jetzt ein Buch gefunden, mit dem ich mich lange beschäftigen werde.‘

‚Was für ein Buch ist das denn?‘ fragte ich.

‚Das müssen Sie raten, Herr Pastor‘, sagte er.

‚Tolstojs Krieg und Frieden? Das ist recht umfangreich.‘

‚Nein, etwas Besseres‘, sagte Anders.

‚Dann weiß ich es nicht.‘

‚Die Bibel‘, sagte Anders mit einem seltsamen Blick.

Ich sah ihn wohl recht erstaunt an.

‚Ja‘, sagte Anders, ‚das kam so. Neulich legte die Schwester eine Bibel auf meinen Nachttisch. Sie hatte es schon früher getan, aber ich habe sie immer gebeten, die Bibel wieder fortzunehmen. Jetzt wurde ich so böse, daß ich die Bibel in die Ecke schleuderte. Als die Schwester sie aufhob, fragte sie: Warum lesen Sie nicht in der Bibel? Und ich antwortete: Weil ich nicht die geringste Freude oder den geringsten Nutzen von dem Buche habe. Da meinte sie: Wie können Sie das sagen, Anders, wenn Sie nie darin lesen? Da bat ich sie aus Trotz, mir die Bibel zu geben, und sagte: Jetzt werde ich darin lesen, nur um ihnen zu zeigen, daß ich recht habe.

Als die Schwester gegangen war, schlug ich die Bibel auf. Ich schlug sie aufs Geratewohl auf, mitten drin, und las. Es war das Buch Hiob. Ich hatte es noch nie zuvor gelesen. Im Lande Uz –

26

weiß der Herr Pastor, wo das Land liegt? Ich weiß es. – Im Lande Uz lebte ein Mann, der hieß Hiob. Wissen Sie, wer der Mann war, Herr Pastor? Ich weiß es. Ich las über mich selbst. Jedes Wort handelte von mir selbst. Ich las meine eigenen Gedanken. Ich las, daß ich das Essen vergaß, als es mir gebracht wurde. Ich hörte nicht auf, bis ich das ganze Buch Hiob gelesen hatte. Herr Pastor, das ist ein merkwürdiges Buch.'

Ich war ganz still. Ich sagte kein einziges Wort. Nicht ich sollte reden. Anders fuhr fort zu erzählen. Er suchte mit seinen armen Fingerstümpfen nach den Seiten, in die er Zettel gelegt hatte. Er las mir die Worte vor. Er war so eifrig, als gälte es, einen Schatz festzuhalten, den er gefunden hatte und zu verlieren fürchtete.

Das geschah in der Zeit nach dem ersten Weltkrieg. Eines Tages erhielt ich einen Brief von Anders. Er war mit größter Mühe geschrieben, aber lesbar. Im Briefe lagen dreißig Kronen. Der Brief lautete:

„Lieber Herr Pastor. Das Volk, das im Finstern wandelt, sieht ein großes Licht. Mir ist ein großes Licht aufgegangen. Aber jetzt möchte ich eine eigene Bibel haben. Besorgen Sie mir bitte eine schöne Bibel in Ledereinband mit Zeichen am Rande, so daß man die Bücher finden kann. So eine Bibel wie die Prädikanten haben mit rotem Goldschnitt. Und dann schreiben Sie bitte meinen Namen in die Bibel und ein Wort aus dem Buche Hiob. Und dann kommen Sie doch bitte und reden Sie mit mir über die Bibel. Da ist so vieles, das ich gern verstehen möchte. Und wenn sie mehr als dreißig Kronen kostet, legen Sie es bitte aus, dann gebe ich es Ihnen später wieder.

Ihr ergebener Anders."

„Nun, hat er seine Bibel erhalten?" fragte der militärische Bahnhofvorsteher.

„Ja, er hat sie erhalten", sagte Ahle.

„Und was für ein Wort haben Sie ihm hineingeschrieben?"

fragte der Großkaufmann Henriksson, der wohl auch ein Wort mitreden wollte.

„Ich suchte recht lange, bis ich etwas Geeignetes fand", fuhr Ahle fort. „Schließlich schrieb ich: Wie sollte er dich beten lehren, wenn nicht durch Not und alles das, was deine Kraft erprobt hat."

„Das war doch wohl etwas bitter", meinte der Lektor ziemlich spöttisch.

„Das finde ich nicht", wandte die Doktorin ein. „Es ist doch genau so, wie es war."

„Am liebsten hätte ich die Worte aus dem neunzehnten Kapitel geschrieben, den Text zu Jenny Linds Arie aus Händels Messias." Die Doktorin summte leise einige Takte, und der Doktor hatte eilig etwas an seinem Notenschrank zu tun.

„Es ist jedenfalls merkwürdig", sagte Pastor Ahle, als alle schwiegen. „Auf meiner Englandreise zwischen den beiden Weltkriegen stand ich eines Tages an Jenny Linds Grab in Westminster Abbey. In der Säule am Grabe ist eine Messingtafel eingelassen, und dort ist der Text ihrer Arie eingraviert. Als ich ihn las, mußte ich daran denken, daß Hiob, kurz ehe er die berühmten Worte sagt, ausruft: Ach, daß meine Reden geschrieben würden! Ach, daß sie in ein Buch gestellt würden! Mit einem eisernen Griffel auf Blei und zu ewigem Gedächtnis in einen Fels gehauen würden!"

„Verzeih einem Jüngling", sagte der Großkaufmann, „aber wie heißt eigentlich der Text jener berühmten Arie?"

Pastor Ahle zögerte: „Ich könnte ihn ja vorlesen, aber wenn – es ist vielleicht zuviel verlangt – wenn Frau Doktorin uns die Arie singen würde?"

Die blassen Wangen der Doktorin röteten sich. „Ich singe sonst nur noch für mich und meinen Mann, aber des armen Unglücksgefährten Hyberts Anders wegen und einer schwedischen Sängerin wegen, die gestorben ist an ... die gestorben ist", ihre Stimme versagte fast, aber sie beherrschte sich und fuhr fort: „ihretwegen und aller Leidensgefährten wegen will ich sie singen."

Der Doktor hatte sich ans Klavier gesetzt, die Doktorin stellte sich hinter ihn, und bald stieg Jenny Linds herrliche Arie, von einer außerordentlich schönen Stimme getragen, wie eine Siegeshymne in die Höhe. Die vier Männer saßen still und ergriffen. Lektor Hägermark schloß die Augen wie immer, wenn er Musik hörte.

Als der Gesang beendet war, blieb es eine lange Zeit still.

Der Lektor lehnte sich über den Rauchtisch und streifte die Asche von seiner Zigarre.

„Verzeih einem Jüngling, um Henriksson zu zitieren, aber was ist aus dem armen Menschen geworden, dem ihr aus Unbarmherzigkeit nicht das Leben genommen habt?"

„Er lebt noch", sagte Pastor Ahle. „Wir sind gleich alt, er und ich. Wir sind sogar am gleichen Tage geboren, seltsamerweise."

„Und was tut er?"

„Was er tut?" Pastor Ahle zögerte einen Augenblick. „Ja, darauf könnte ich mit einem Worte antworten, das er mir sagte, als ich das letzte Mal bei ihm war. Er erklärte damals, daß er jetzt einen Beruf erlerne."

„Einen Beruf?" fragte Doktor Sjöberg und sah vom Klavier auf. „Ich glaubte, so einen wie Hyberts Anders würden sie nie in einer Krüppelfürsorgeanstalt aufnehmen."

„Er ist nie in einer Krüppelfürsorgeanstalt gewesen."

„Wo hat er denn einen Beruf erlernt?"

„Er sagte, er habe ihn aus einem Buch gelernt."

„Und was war das?"

„Ja, er sah mich an und sagte: Herr Pastor, jetzt lerne ich einen Beruf. Mein Beruf ist zu leiden, ich werde ihn erlernen. Ich glaube zwar nicht, daß ich ein Meister darin werde, aber vielleicht kann ich ein Geselle werden."

„Sollte das die Antwort auf meine Frage sein?" sagte Lektor Hägermark und sah ernst und forschend in Pastor Ahles Augen.

„Vielleicht ist es eine Antwort für mich gewesen", sagte Pastor Ahle.

„Vielleicht auch für mich", flüsterte die Doktorin. Die übrigen Gäste sagten nur gute Nacht.

Es wurde an diesem Abend nicht mehr gespielt. Die Quartettspieler gingen mit ihren Instrumenten nach Hause zu ihren Frauen.

Lektor Hägermark hatte weder Geige noch Frau. Als er an die Brücke kam, die über den Fluß führte, blieb er stehen. Die Sterne spiegelten sich in dem stillen Wasser. Ein Himmel war oben, und ein Himmel unten. Oder eine bodenlose Tiefe oben und eine ebenso bodenlose Tiefe unten. Aber in dieser Tiefe leuchteten jedenfalls Sterne. – Rätsel. – Und im Lande Uz wohnte ein Mann, der hieß Hiob. – Und eine Doktorin, die sang: Ich weiß, daß mein Erlöser lebt. – Und ein Pfarrer erzählte von einem Mann, dessen Beruf war zu leiden. Das war alles so seltsam, daß man beginnen konnte, an seinen eigenen Zweifeln zu zweifeln.

Zwei ungleiche Schuhe

Es hatte die Hafenarbeiter in der Zänkergasse schon lange geärgert, daß der neue Prädikant immer seinen Weg zur kleinen Salemkapelle durch ihre Gasse nahm. Das hatte nie zuvor ein Prädikant getan. Was – und es folgten eine ganze Reihe von kräftigen Flüchen – hatte der in ihrer Gasse zu tun! So lange sich jemand erinnern konnte, hatten sich weder Pfarrer noch Prädikanten, weder Polizisten noch andere übel angesehene Obrigkeitspersonen so benommen, es sei denn in äußersten Ausnahmefällen. Aber jeden Tag und bisweilen mehrmals am Tage konnte man Pastor Jonasson durch die Gasse gehen sehen, ganz als ob sie ihm gehörte.

Anfangs glaubte man, daß ihn nur die Neugier dazu trieb, der Gasse einen Besuch zu machen. Als es sich dann aber Tag um Tag und Monat um Monat wiederholte, begann es ungemütlich zu werden.

Pastor Jonasson ahnte nicht, daß sein täglicher Gang durch die Gasse solchen Unwillen erregte. Oder falls er es merkte, verhielt er sich so, als ob er nichts wisse. Begegnete er einem der Saufbrüder, der auf dem Wege zum oder vom Hafen war, so geschah es meist, daß sich dieser in einen dunklen Hauseingang versteckte, sich darüber ärgernd, daß er Angst hatte, seine eigene Gasse entlang zu gehen. Begegnete er einigen Mädchen, die auf hohen Hacken durch die Gasse klapperten, so kicherten sie hinter seinem Rücken, drehten ihre Lockenköpfe um, wenn er vorbeigegangen war, und spuckten hinter ihm aus. Geschah es, daß einige Kinder auf einer Treppe saßen und er sie begrüßte, antworteten sie ihm mit Worten, die sich nicht wiedergeben lassen.

Nein, Pastor Jonasson hätte fühlen müssen, daß er hier unwillkommen war, wenn er sich die Mühe gemacht hätte, den Verstand, den er besaß, anzuwenden. Wie groß dieser Verstand war, wußte zwar niemand und am allerwenigsten er selber. Pastor Jonasson war vor allem ein Mann des Gefühls, und daß er den Weg zwischen seiner ärmlich kleinen Mansardenwohnung und der Salemkapelle durch die Zänkergasse wählte, beruhte anfangs ganz einfach auf seinem Gefühl.

Als er hier angestellt wurde, hatte er aus Neugier einen Blick in die Gasse geworfen und sich ganz in sie vernarrt. Zunächst standen da hohe Steinhäuser, die alle Sonne ausschlossen, hohe triste Steinhäuser, zwischen denen kaum ein Karren über das Kopfsteinpflaster der Gasse fahren konnte. Ging man dann weiter bergauf, verschwanden die hohen Häuser und wurden abgelöst von alten ärmlichen Holzhütten in sonderbarsten Formen, häufig mit Herdmauern außerhalb des Giebels, mit alten Planken in allen Farben des Regenbogens, mit Treppen, die zu den alten, geschnitzten Türen führten. Hier spielten die Sonnenstrahlen in engen Gängen und kleinen idyllischen Höfen, wo eine Menge Unkraut und alte Gartenpflanzen gediehen, wo Bienen summten und Vögel ihre Nester unter den Dachziegeln bauten. Die Vögel waren zwar nur Sperlinge, aber da nicht einmal ein Sperling ohne Gottes Willen zu Boden fällt, liebte Gott wohl die kleinen Sperlinge, und da war es ja klar, daß Jonasson es auch tat.

Ja, Pastor Jonasson hatte sich von den ersten Stunden an in die Zänkergasse verliebt. Nachdem er sie einmal gegangen war, ging er jedesmal, wenn er die Möglichkeit hatte, ihre Schatten und Lichter, ihre Farben und Düfte zu erleben, die immer gleich erstaunlich und aufregend waren. Und dann ihre Einwohner; nie zuvor hatte Pastor Jonasson auf einem so kleinen Platz der wunderlichen Erde Gottes so viele verschiedenartige Menschentypen gesehen. Hübsch sahen sie freilich nicht aus, im Gegenteil, aber sie waren interessant. Man konnte verstehen, woher Karikaturisten ihre Typen und Schriftsteller Stoff für ihre Novellen nahmen. Und da nun Pastor Jonasson selbst ein armer Mann war und nie eine Krone besessen hatte, die er nicht brauchte, so hatte er Verständnis und Mitgefühl für die Menschen in der Zänkergasse. Nur, er wußte durchaus nicht, wie er das zum Ausdruck bringen sollte. Als er einmal erlebte, wie sich einige kleine Jungen um ein Fünförenstück balgten, das sie im Rinnstein gefunden hatten, ließ er, als er das nächste Mal durch die Gasse ging, ein Zehnörenstück zu Boden fallen. Es dauerte nicht lange, bis er eine wilde Schlägerei hinter sich hörte. Doch er wagte nicht, sich umzusehen. Er ging weiter, fast glücklich, etwas getan zu haben, wodurch wenigstens ein kleines Kind in der Gasse zehn Öre reicher wurde, betrüblicherweise vielleicht der Junge, der die stärksten Fäuste besaß.

Dann kam der große Tag, an dem Pastor Jonasson heiraten wollte. Er kam in seinem Prädikantenhabit, dem „Sonntagsrock", wie die Kinder in der Gasse sagten, und trug einen Schuhkarton unterm Arm. Dem Tag zu Ehren hatte er sich ein Paar neue Schuhe gekauft. Um aber bei der Trauung ganz fein zu sein, hatte er sie sich nicht angezogen; die Zänkergasse eignete sich nicht für glänzende Hochzeitsschuhe. Er wollte erst in der kleinen Sakristei der Kapelle die Schuhe wechseln.

Es war ein dämmriger Herbstabend, als Jonasson durch die Gasse kam. Auf sechs Uhr war die Trauung angesetzt. Am folgenden Morgen sollten sie im Rathaus standesamtlich getraut werden, vorher jedoch sollte einer der Gemeindeältesten, der zur Zeit Prädikant war, das Paar kirchlich trauen. Jonasson hatte überlegt, ob er heute durch die Zänkergasse gehen wollte; doch als der Mann des Gefühls, der er war, ließ er sich von der Liebe zur alten Gasse verleiten. Es wäre keine richtige Hochzeit, wenn er seine Gasse im Stich ließe.

Beim letzten Tageslicht lenkte er seine Schritte in die Gasse. Die Hafenarbeiter waren von ihrer Tagesschicht gekommen, die Frauen beugten sich aus den Fenstern und schwatzten quer über die Gasse. Die Kinder waren noch draußen und spielten in der Dämmerung. Sie hatten etwas Merkwürdiges gefangen: eine Katze ohne Schwanz.

Durch diesen Alltag kam nun Pastor Jonasson gewandert. Er sah so strahlend neu aus, sein Prädikantenrock saß wie eine Uniform auf seinem gut gewachsenen Körper, sein blondes Haar war wie immer sauber gekämmt, und der fein eingepackte Karton aus dem Schuhgeschäft wirkte irgendwie herausfordernd in der ärmlichen Gasse.

Jonasson war fröhlicher als sonst, so wie man es an seinem Hochzeitstag ist, wenn man sich freut „wie ein Bräutigam, der aus seiner Kammer herausgeht", wie es in der Heiligen Schrift heißt. Es war kein Wunder, daß er allen Menschen, denen er begegnete, zulächelte. Aber keiner erwiderte sein Lächeln. Man sah in ihm nur einen, der allzu fein, allzu fröhlich, allzu glücklich für die Leute in der Zänkergasse war. Einer der Hafenarbeiter, der etwas angesäuselt war, schwor: Falls sich der Prädikant noch einmal in die Gasse wagen sollte, dann hätte er es zum letzten Male getan. Das schwor er mehrere Male und fragte seine Kameraden, ob sie nicht glaubten, daß er Manns genug dafür sei, wie? Und die Genossen antworteten ihm, daß sie ebenso Manns genug seien, und wenn er dafür sorgen würde, daß es wirklich das letzte Mal sei, könne er sich auf seine Genossen verlassen.

Als der Prädikant Jonasson in der Sakristei der Salemskapelle seine schönen Hochzeitsschuhe anziehen wollte, entdeckte er zu seinem Schrecken, daß er zwei nicht zusammengehörende Schuhe erhalten hatte. Die Verkäuferin im Schuhgeschäft, ein hübsches junges Mädchen, hatte zu sehr sein lockiges Haar und seine blauen Augen betrachtet und zu eifrig seiner Erzählung von der bevorstehenden Hochzeit gelauscht und sich dabei versehen.

Der Prädikant Jonasson zog seine Uhr hervor. Ja, er würde noch hinkommen, ehe sie den Laden zuschlössen! Und sogleich begann er zu laufen. Er lief wieder die Zänkergasse entlang. Vorbei an den lustigen Hütten mit ihren Sperlingen, die jetzt mit ihrem Zwitschern aufgehört hatten, vorbei an den Eisenhütten, die hinter den Zäunen welkten.

Schon von weitem sah Bult Johan, daß etwas Ungewöhnliches in der Gasse geschah. Man lief nicht in der Gasse, wenn nicht die Polizei hinter einem her war. Schnell holte er einen feinen Draht aus der Tasche und spannte ihn zwischen zwei Pfosten quer über die Gasse. In letzter Minute versteckten er und seine Genossen sich in einem Toreingang. Jetzt hörte man Jonassons laufende Schritte ganz in der Nähe, und jetzt: päng! lag er auf der Straße. Ein Schlag, wohl nicht schlimmer als sein Schädel vertragen konnte, aber er lag regungslos, eine kleine Blutlache unter der Nase. Jaja. Und der schöne Karton rollte fort. Während Bult Johan den Draht losband und in die Tasche steckte, nahm ein anderer das Paket, einige andere schleppten den Prädikanten fort, einer packte am Kopf an, der zweite an den Füßen, und so schleiften sie ihn nach dem Hafen. Dort war es jetzt dunkel und still. Während Bult Johan Wache hielt, der Polente und anderer unnötigen Leute wegen, legte man den Prädikanten in den Hof einer Bedürfnisanstalt, „wo ihn wohl schon jemand finden wird."

Viele waren an diesem Abend bekümmert. Vor allem die arme Braut, die stundenlang auf einen Bräutigam wartete, den man in die Sakristei der Kapelle hatte gehen sehen, der dann aber spurlos verschwunden war. Ferner Bult Johan und seine Genossen, die in einem Hinterhof das Paket untersuchten und fanden, daß es ein Paar blanke Hochzeitsschuhe enthielt. In dem schwachen Licht sah keiner, daß sie ungleich waren. Sie wußten, daß die unerwartete „Gabe vom Himmel" ihnen einen vergnügten Abend bereiten würde. Zum Leihhaus wagte man mit so etwas Feinem nicht zu gehen. Dagegen gab es Zwischenhändler, und nachdem man die Ware veräußert hatte, ging es in die nächste Kneipe. Dort endete der Tag oder richtiger gesagt die Nacht allerdings nicht so, wie man erwartet hatte. Der Käufer der Schuhe entdeckte, daß er angeführt war, als er sie an einen Juden verkaufen wollte, und kam jetzt in die Kneipe und wollte sein Geld wiederhaben. Aber es gab kein Geld mehr, es war glücklicherweise schon „aufgetrunken".

Wer am letzten von allen zu seinem Kummer erwachte, war der Prädikant Jonasson. Besucher der Bedürfnisanstalt fanden ihn „hinter der Ecke" und alarmierten die Polizei.

Die Polizei erschien und im Krankenwagen wurde Jonasson ins Krankenhaus gebracht. Hier wurde er ausgezogen, sauber gewaschen, in ein Bett gelegt und sorgfältig untersucht. Außer einer geringen Schädelwunde und einem zertrümmerten Nasenbein hatte er nur zwei rot geschwollene Querstreifen über jedem Fußgelenk.

Auf die Frage des Arztes und der Polizei konnte Jonasson kaum etwas antworten. Er war noch viel zu benommen. Als er begann, den Zusammenhang zu verstehen, was mehrere Tage in Anspruch nahm, waren auch nicht viele Worte aus ihm herauszubringen. Er erklärte den Polizeibeamten, daß er Eile gehabt habe und in einer Gasse „oder wo es nun war" gestolpert oder ausgerutscht sei. Die Polizeibeamten schüttelten den Kopf und fragten, ob er erklären könne, wie er von der Gasse „oder wo es nun war" nach der Bedürfnisanstalt am Hafen gekommen sei. Darauf antwortete der Prädikant Jonasson, daß es so vieles zwischen Himmel und Erde gäbe, was man nicht erklären könne, selbst wenn man ein Prädikant sei. Und da nun kein größerer Schaden angerichtet war, ließ man die Sache auf sich beruhen. Von dem verschwundenen Paket sagte Jonasson kein Wort.

Als er, aus dem Krankenhaus entlassen, zum ersten Male wieder durch die Zänkergasse ging, war er kaum zu erkennen. Er kam in einem grauen, verschlissenen Alltagsanzug, das blonde Haar glänzte nicht mehr wie früher, die fröhlichen Augen waren traurig und seine ganze Gestalt gebeugt, als habe er einen Schlag bekommen. Den „Schlag" hatte er von der enttäuschten Braut erhalten, die als Jungfrau im Wagen eines zornigen Großkaufmannsvaters nach Hause fahren mußte. Der Großkaufmann gehörte der Gemeinde an und war sehr unzufrieden darüber gewesen, daß sich seine Tochter, die eine bessere Partie verdient hätte, in den „bezaubernden" Prädikanten verguckt hatte. Die Liebe saß bei der jungen Dame mit der guten Mitgift wohl nicht sonderlich tief, denn als sie ihren Zukünftigen mit einem zertrümmerten Nasenbein und einer noch nicht geheilten Stirnwunde wiedersah, wollte sie durchaus nichts mehr von ihm wissen.

Der Prädikant Jonasson fuhr fort, in der Salemkapelle zu predigen. Dort waren jetzt zwar nicht mehr so große Menschenscharen wie zu Anfang, und er hielt vielleicht etwas weniger gefühlvolle Predigten, aber es war etwas in seine Worte gekommen, was die Leute aufhorchen ließ.

Wenn Bult Johan und seine Genossen geglaubt hatten, daß sie den Prädikanten von der Zänkergasse vertreiben könnten, so hatten sie sich geirrt. Jonasson ließ nicht mehr Zehnörestücke auf die Straße fallen. Seine kleinen Ersparnisse landeten im Laufe der Zeit in vielen armen Hütten, die Kinder in der Gasse wurden bald seine Freunde, und die Hafenarbeiter begannen einen Mann zu respektieren, der mit ihnen gegen die „Polente" gehalten hatte. Prädikant Jonasson wurde ein Freund der ganzen Gasse, und viele alte „Sünder" wurden durch ihn auf bessere Wege geführt. Junge Prädikanten pflegten sonst nicht lange in Salem zu bleiben. Aber Jonasson tat es. Er blieb dort sein ganzes Leben lang.

Als er sich in reiferen Jahren eine Frau erwählte, erhielt er am Tage nach seinem Aufgebot ein Paket mit einem Paar eleganter Schuhe. Erstaunt las er die Worte auf einem Zettel, der in einen Schuh hineingesteckt war:

„Diese sind nicht ungleich. Wir haben die Schuhnummer behalten. Hoffentlich passen sie. Und viel Glück zum Mädel.

Johan und seine Genossen.

Amen."

DAS KIRCHENSILBER

Einmal im Jahre pflegte der Landstreicher Erik Johansson-Smith, genannt „Smitte", das Kirchspiel seiner Kindheit aufzusuchen. Das war fast das einzige, was in seinem regellosen Leben Regel war. Sonst wanderte er gelegentlich arbeitend, meistens aber bettelnd im Lande umher. Er hatte am Wanderleben Geschmack gefunden, seit er als junger Malergesell mit Lodar-Nisse, oder Groß-Lodar, wie er genannt wurde, zusammengekommen war, einer in ganz Schweden bekannten Person, dem ungekrönten Könige aller Landstreicher. Der hatte einmal ein großes Landstreichertreffen einberufen, womit er wohl nichts anderes erreichte, als daß er die bessergestellten Bürger beunruhigte und sie ahnen ließ, daß es Gesellschaftsprobleme gab, mit denen sie noch nicht zurechtgekommen waren.

Jetzt war Lodar-Nisse gestorben. Seltsamerweise mußte Smitte gerade daran denken, als er die letzten Hügel hinauf wanderte, ehe er den ersten Ausblick über das Tal seiner Heimatstadt haben würde, die – von der Kirche gekrönt – rings um den schönen See lag. Warum mußte er gerade jetzt an Lodar-Nisse denken, da er das Einzige erleben wollte, das ihm auf Erden noch Freude bereitete: die Stadt seiner Kindheit wiederzusehen? Vielleicht hatte jene Scheune, an der er vorhin vorbeiging, die Erinnerung geweckt. In genau so einer Scheune war Nisse gestorben. Es war an einem Herbstabend gewesen. Nisse wurde von starkem Husten und Fieber geplagt. Sie wollten nach einer Stadt gelangen, doch Nisse war nicht mehr weiter als bis zu jener Scheune gekommen.

„Hier schlafen wir", sagte Nisse. Und dabei blieb es. Drei Tage und Nächte hausten Nisse und Erik in der Scheune. In der dritten Nacht, einer mondhellen, kalten Nacht, starb Nisse. Er lag in Heu gebettet, und Erik hielt seine brennend heiße Hand und wischte ihm mit einem Sackfetzen den Schweiß von der Stirn. Nisse redete vor sich hin. Erik wußte nicht, ob er phantasierte oder bei Verstand war. Jedenfalls redete er Worte, die Sinn und Zusammenhang hatten. Er sprach von seinem Heim und von seiner Mutter. Bisweilen redete er sie direkt an. „Du Mutter", sagte er, „es ist mir doch gelungen, es zu lassen. Oft fiel es mir schwer, kannst mir glauben. Manchmal war ich so hungrig, daß es wie Feuer in mir brannte. Aber ich habe nie etwas gestohlen. Hörst du es auch, Mutter: Ich habe nie etwas gestohlen. Vieles andere hab' ich getan, geflucht und gesoffen und herumgebummelt, aber gestohlen, Mutter, das hab ich nicht. Und darüber bin ich froh. Und du bist wohl auch froh, Mutter."

Einen Augenblick nach diesem Monolog richtete Nisse seine fiebrigen Augen auf Erik. Erik sah, wie die Augen im Mondlicht glänzten, das durch die Ritzen in die kalte Scheune drang.

„Das sag ich dir, Genosse, hätte ich in allem ein so reines Gewissen, wie in dem, daß ich nichts gestohlen habe …"

Das waren die letzten Worte, die Lodar-Nisse in seinem Leben sagte. Dann erloschen seine Augen.

Erik schüttelte sich, als ob ihn fröre, obwohl es ein sonniger Aprilabend war. Warum mußte diese dumme Scheune dort stehen und ihn gerade jetzt an Lodar-Nisse erinnern? Nisses Worte auf dem Sterbelager waren etwas, worüber Erik immer hinwegzukommen versuchte. Denn Erik hatte in dieser Beziehung kein „reines Gewissen". Im Gegenteil. Er war als ein verschlagener Einbrecher bekannt und gefürchtet, den man vieler Einbrüche verdächtigte, obwohl es nur selten gelang, ihn zu überführen. Mehrere Male hatte er schon „gesessen". Nur in seiner Heimatstadt hatte er nie gestohlen.

Jene Tage, in denen Erik in seinem Heimatkirchspiel umherstreifte, waren die besten im ganzen Jahr. Freilich war es sehr schön im großen Schweden. Erik hatte das Meer und die Berge gesehen, er hatte die großen Städte besucht und den Trollhätta und Säters schönes Tal und den Siljan und viele andere Orte, die die Touristen bewundern, aber nirgends war es so schön wie in seiner Heimat. Wenn man den Hügel bei Sund heraufkam und der Weg bei dem großen Steinblock umbog und man das Tal unter sich liegen sah, dann vergaß sogar Erik Johansson-Smith alles, was elend, böse und bitter in diesem kläglichen Leben war. Da lag der See, der schönste und blauste See der Welt, mit seinen Inseln und Holmen, Bockholm und den Ryssholmen, wo man jede Schilfbucht und jeden Steinblock am Uferrande kannte. Und dort lag die kleine Stadt auf ihrem Hügel am See und am höchsten Punkt die weiße Kirche. Und rings umher waren Berge, hoch und nah wie eine freundliche Mauer, die das ruhige Tal einschloß. Dort befanden sich Gruben und Hochöfen rings in der Gegend, und dort waren die alten steilen, holperigen Straßen und die kleinen Höfe mit den schön geschnitzten Toren und den herrlichen Hinterhöfen, auf denen man als Kind Räuber spielte. Eigentlich war es schade, daß man hier in der Stadt nie einen Einbruch verüben konnte, wo man doch jeden Winkel und jede Brettertür kannte. Hier würde einen nie ein Schutzmann fangen können.

So, nun war er wieder am gleichen Punkt! Warum konnte er nie etwas denken, ohne daß ihm „jenes" wieder in den Sinn kam? Daran hatte Nisse und die dumme Scheune schuld. Erik spuckte dreimal aus, als sei ihm eine Katze über den Weg gelaufen. Es war, als habe sich ein Schleier von Ruß oder Staub über das schöne Tal ausgebreitet, als er den Hügel hinab nach der Stadt wanderte.

Erik schalt sich selbst aus: „Was bist du doch für ein eingefleischter Halunke", sagte er, ja er gab sich noch häßlichere Namen. War er schon so durch und durch verdorben, daß ihn seine schlechten Gedanken nicht einmal in Ruhe ließen, obwohl er auf dem heiligen Boden seiner Heimat ging? Er fühlte sich fast wie ein Heiligtumschänder. Ihm war, als ob ihm eine innere Stimme sagte, er solle umkehren, da ihn ein Unglück bedrohe. Aber er wanderte trotzig weiter, und der helle, warme Schein, der eben noch in seinen Augen geleuchtet hatte, wich einem harten und verbitterten Blick. Zum ersten Male überfiel ihn ein Gedanke: Bin ich völlig in der Gewalt des Bösen? Es war, als habe er mit jemandem gekämpft, den er nicht besiegen konnte.

Es war Gründonnerstagabend. Erik war drei Tage in seiner Heimat gewesen; jetzt wollte er weiter wandern. Die Ostertage in seiner Heimatstadt zu erleben, wagte er nicht. Das würde zu schwer sein, zu schwere Erinnerungen an die Vergangenheit wecken. Man war fast versucht, wieder ein richtiger Mensch zu werden, wenn man hier herumlief und an die Zeit dachte, in der man selbst noch ein kleines Kind gewesen war. Dort war das Bethaus, wo er die Sonntagsschule besuchte. Erik erinnerte sich an seinen Lehrer. Es war ein alter Seemann, der Salomon hieß. Er war auf allen Meeren der Welt gesegelt und erzählte davon fast mehr als von Jesus und den Aposteln. Aber fromm war der Seemann Salomon, darüber konnte kein Zweifel herrschen.

Und hier war die Kirche, in der er konfirmiert wurde. Das war auch solch eine „gefährliche" Erinnerung. Wohl entsann er sich jener Zeit, der besten seines Lebens. Der alte Propst war ein guter Mann. Von dem, was er Erik gelehrt hatte, wußte er allerdings nur noch wenig, aber an den Abend, an dem sie im Pfarrhof Laub geharkt hatten, erinnerte sich Erik noch gut. Der Propst hatte gefragt, ob da einige Konfirmanden seien, die ihm beim Laubharken helfen wollten. Und das wollten sie alle. Aber der Propst hatte nur einige ausgewählt, und unter ihnen war Erik. Erik war nie zuvor im Propsthof gewesen und später auch nicht wieder. Er erinnerte sich an das feierliche Gefühl, das ihn beherrschte, als er mit den anderen Jungen durch das Hoftor schritt. Es war ein langes gelbes zweistöckiges Haus. Mitten auf dem Hof stand eine Riesenurne, die höher als der Propst selber war. Und da war ein Garten und ein Park am See. Und dort harkten sie Laub. Der Propst selbst war dabei. Er hatte eine Mütze mit einer Troddel auf dem Kopf und eine Pfeife im Mund und machte so viele Scherze, der alte Propst, daß sie immer wieder lachen mußten. Und dann durften alle in die Küche kommen und bekamen dort Kaffee und Safrankrengel. Die waren so groß und so weich, daß Erik noch nie etwas so Herrliches gesehen und etwas so Gutes geschmeckt hatte. Später kam der Propst mit seiner Geige und spielte den Jungen etwas vor, und schließlich erhielt jeder eine Krone. Darauf gingen sie hinaus an den See und zündeten den großen Laubhaufen an. Die Sonne war untergegangen, es lag Nebel über dem See, und der Rauch vom Laubhaufen stieg gerade in die Höhe wie der Rauch von Abels Opfer. Da standen Erik und seine Mitschüler und preßten ihre Einkronenstücke in der Hand.

Aber außerhalb des Zaunes sah man einige ihrer Kameraden stehen, die nicht dabeisein durften.

Jetzt stand Erik selbst außerhalb des Zaunes. Es war der gleiche Garten und der gleiche Park. Aber das Laub lag überall ungeharkt. Das wäre etwas gewesen, wenn man jetzt eine Harke gehabt hätte und dort drinnen harken dürfte.

Erik stieg langsam den Hügel hinauf. Sollte er wohl auf den Kirchhof gehen? Dort waren die Gräber von Vater und Mutter und der kleinen Schwester. Sollte er jetzt dorthin gehen? Er empfand eine seltsame Sehnsucht, hinzugehen und zu weinen. Aber er wußte, er würde nicht weinen können. Seine Brust würde sich nur zusammenschnüren, und alles würde unerträglich schwer. Doch er konnte ja vorbeigehen, um nur die Namen auf den Holzkreuzen zu sehen. Aber Erik gelangte nie bis zum Grab seiner Mutter. Als er an der Kirchentür vorüberkam, stand sie offen. Und ohne richtig zu wissen, warum, ging er in die Kirche.

Auch die Kirche kannte Erik bis in den kleinsten Winkel. Sein Vater war der Nachbar des alten Kirchendieners Ol-Ers. Es hatte Erik als Kind immer großes Vergnügen bereitet, mit Ol-Ers in der Kirche umherzustreifen und mit ihm auf den Turm und den Kirchenboden zu steigen. In der Sakristei wurde das Kirchensilber in einem Schrank in der Mauer aufbewahrt, der mit einer dicken Eisentür verschlossen war. Vor der eisernen Tür hing ein Gemälde, auf dem ein alter Propst abgebildet war. Ol-Ers erzählte, einmal seien Diebe gekommen, um das Kirchensilber zu stehlen, aber sie hätten den Schrank nicht gefunden, denn „sie seien nicht so schlau gewesen, das Bild abzunehmen". Erik bekam Lust, in die Sakristei hineinzuschauen. Sie lag hinter dem Altar. Der Altar barg auch ein Geheimnis, in das ihn Ol-Ers eingeweiht hatte. „Nicht viele kennen das Geheimnis", hatte Ol-Ers gesagt, „aber es gibt eine Geheimtür im Altar, die sich öffnet, wenn man an einem kleinen Holzklotz dreht. Früher führte ein Gang unter den Fußboden hinunter, aber der ist jetzt zugeschüttet." Einmal hatte Ol-Ers die Geheimtür geöffnet und hatte Erik unter den Altar kriechen lassen.

Gerade jetzt begannen die Kirchenglocken zu läuten. Es sollte ein Abendmahlsgottesdienst stattfinden. Der Kirchendiener war in den Turm hinaufgestiegen. Die Kirche war noch leer.

Ich habe noch Zeit, in die Sakristei zu gucken, dachte Erik.

Auf einem Tisch in der Sakristei stand das Kirchensilber. Der Kirchendiener hatte das Bild des alten Propstes herunter ge-

hoben und Weinkanne, Kelch, Hostienschüssel und Oblaten-
kasten hervorgeholt. Eine Weinflasche stand auch auf dem Tisch.

Das Seltsame an Erik war, daß er seine Einbrüche nie im vor-
aus plante. Das Sprichwort „Gelegenheit macht Diebe" paßte auf
ihn. Erik wäre nie auf den Gedanken gekommen, das Kirchensilber in seiner Heimatkirche zu stehlen. Aber jetzt war es geschehen, ehe er es sich überhaupt klar machen konnte. Er stand
mit den schweren Silbergeräten im Arm da, als er hörte, wie sich
irgendwo eine Tür öffnete und wieder zugeschlagen wurde. Im
Turm dröhnten die Glocken, doch er hörte deutlich, wie die Tür
geöffnet und geschlossen wurde. Mit den Silbergeräten unter
dem Mantel war Erik in ein paar schnellen Schritten am Altar.
Er fand den kleinen Holzklotz auf der Rückseite, schob die Türe
auf und kroch unter den Altar. Er hörte, wie Schritte den großen
Mittelgang entlang kamen. Es war der erste Kirchgänger. Wieder
wurde die Tür geöffnet und geschlossen. Es kamen mehr Leute.
Das Glockengeläut verstummte. Der Kirchendiener kam vom
Turm herunter. Erik hörte, wie er in die Sakristei ging, hörte ihn
rufen und hinausstürzen, als er entdeckte, daß das Kirchensilber
fort war. In dem Augenblick kam der Pfarrer, und Erik erwartete
einen schrecklichen Aufstand.

Doch der Pfarrer nahm die Sache ruhig.

„Wir dürfen nicht vergessen", sagte er, „daß es der heilige
Gründonnerstag ist. Melde die Sache der Polizei, Karlsson, und
geh dann zu meiner Frau und hole mein Krankenbesteck. Wir
müssen uns heute abend damit behelfen. Es kommen ja nicht so
viele Abendmahlsgäste. Aber sag der Polizei, daß sie die Kirche
erst nach dem Gottesdienst durchsuchen soll."

Wer aber sofort kam, das war die Polizei. Die Leute, die sich in
der Kirche versammelt hatten, wunderten sich sehr, als sie sahen,
wie der Schutzmann Hansson in die Sakristei eilte. Sie hörten
seine aufgeregte Stimme und die ruhige des Pfarrers darinnen

sprechen und sahen dann, wie der Schutzmann Hansson wieder herauskam und alle Winkel der Kirche untersuchte. Er kletterte auch auf die Empore und den Kirchenboden. Es verbreitete sich das Gerücht, das sich beim Abendmahlsgang auch bestätigte, daß das Kirchensilber gestohlen sei. Aber es gelang dem Pfarrer, so zu predigen, daß alle Herzen doch von der Feierlichkeit der Stunde ergriffen waren. Es war, als sei ihnen der Angriff der Finsternis auf den Heiland noch näher gekommen und als zeigten ihnen die alten, abgenutzten Geräte, die der Pfarrer aus seinem zerschlissenen Holzfutteral zog, wie notwendig es sei, beim Herrn des Abendmahls Einkehr zu halten.

Nach dem Gottesdienst blieb der Pfarrer noch in der Kirche. Er sagte dem Kirchendiener, er wolle selber zuschließen, er müsse noch eine Weile allein sein. Er löschte alle Lichter, auch die brennenden Kerzen auf dem Altar. Der Ostermond schien in die alte schöne Kirche. Der Pfarrer saß lange in einer Bank, dann ging er langsam zum Altarrund und kniete nieder.

„Um eines möchte ich Dich bitten, Herr", betete er laut. „Um eines möchte ich Dich bitten. Wer der Unglückselige auch sein mag, der die heiligen Geräte gestohlen hat, erbarme Dich seiner. Erwecke seine Seele zur Besinnung und Reue, ehe es zu spät ist."

Immer wieder sprach der Pfarrer dieses Gebet. Dann ging er langsam fort und schloß die Kirche.

Es war viele Jahre später. An einem kalten Dezemberabend, in dichtem Schneegestöber, war ein Bauer unterwegs, um Weihnachtsfutter für sein Vieh aus der Scheune zu holen. Es war in den steilen Bergen bei Sund, aber das Pferd trabte munter mit dem leichten Schlitten bergauf. Es war, als wisse das Pferd Brunte selbst, daß es jetzt Weihnachten wurde. Als der Bauer an die Scheune kam, sah er, daß das Schloß aufgebrochen war. Das war noch nie zuvor geschehen. Er ging rings um die Scheune, allein, das Schneegestöber hatte alle Spuren verwischt. Langsam öffnete er die Tür und schaute vorsichtig hinein. Nein, Heu hatte wenigstens niemand gestohlen, und etwas anderes gab es hier nicht zu stehlen. Aber aus einer Ecke in der Scheune hörte er es seufzen und stöhnen. Es war wohl irgendein Landstreicher, der hier eingebrochen war. Der Zorn des Bauern über das aufgebrochene Schloß verwandelte sich in Mitleid mit dem Armen, der bei einem derartigen Unwetter keine andere Ruhestatt hatte. „Hallo", rief er, „ist da jemand?" Er sah, daß sich hinten in einer Ecke etwas bewegte. Er ging hin und fand dort im Halbdunkel eine Gestalt, die einem der üblichen Landstreicher glich. Er sah ein hageres, hohläugiges Gesicht, ein Paar fieberglänzende Augen und einen Mund, der Blut gehustet zu haben schien.

„Oh, ich weiß mir keinen Rat!" Das war die übliche Art eines Bauern, sich auszudrücken, wenn er ganz genau wußte, was er tun sollte. Denn so ein armer Kerl sollte doch nicht hier liegen und erfrieren, wenn Mats Ersson eine leere Knechtkammer zu Hause hatte.

Er beugte sich über den Kranken.

„Wer du auch bist, du armer Kerl, ich werde dich mit nach Hause nehmen und dafür sorgen, daß du bekommst, was du brauchst."

Aber der Kranke schüttelte den Kopf.

„Ich brauche nichts, ich hab es hier gut. Aber hole einen Pfarrer. Schnell!"

Einen Pfarrer? Der Bauer kratzte sich am Kopf.

„Glaubst du, daß ich in so einem Unwetter einen Pfarrer hierher holen kann? Und hierher in die Scheune! Ich muß dich erst nach Hause bringen und dann den Pfarrer holen."

„Nein, nein." Der Kranke ergriff mit seiner fieberheißen Hand die kühle des Bauern. „Nein, nein, hol schnell einen Pfarrer, den, der für mich gebetet hat. Ich bin's nämlich, der das Kirchensilber gestohlen hat."

Der Bauer kratzte sich wieder am Kopf. Er starrte mit offenem Munde den Mann an. Dieser hatte also das Kirchensilber gestohlen … Ja, dann war es wohl am besten, den Pfarrer zu holen.

Der Bauer schloß die Scheune und steckte einen kräftigen Stock statt des zerbrochenen Schlosses in den Riegel. Man konnte ja nie wissen, ob der Dieb nicht anderen Sinnes wurde. Aber er konnte wohl kaum fortlaufen. – Es dauerte eine geraume Zeit, bis der Bauer zurückkam. Die Leute in der Stadt wunderten sich, als sie sahen, wie Mats Ersson aus Godby mit dem in einen Wolfspelz gehüllten Pfarrer in einem Heuschlitten gefahren kam.

Der Stock saß noch im Riegel. Der Pfarrer trat in die Scheune, während Mats rücksichtsvoll draußen blieb.

Erik Johansson-Smith, genannt „Smitte", lag im Heu und sah den Pfarrer mit brennenden Augen an. Eine ganze Zeitlang sagte keiner ein Wort. Der Pfarrer fand, daß Eriks Augen ihn so anstarrten, als wollten sie aus ihren Höhlen treten. Sie glichen zwei Gefangenen, die aus ihrem Gefängnis herauskommen wollten. Nach einer Weile traten Tränen in jene Augen, und der dünne, magere Körper des Kranken zitterte vor Weinen, als habe er Schüttelfrost. Und zwischen dem Schluchzen hörte der Pfarrer ihn sagen: „Nisse sagte, als er starb, er habe nie etwas gestohlen. Darin hatte er ein reines Gewissen. Ich habe kein reines Gewissen."

Ständig wiederholte er die Worte: „Ich habe kein reines Gewissen. Ich habe das Kirchensilber gestohlen. In meiner Heimatkirche, wo ich konfirmiert wurde. Ich lag unter dem Altar versteckt während des Gottesdienstes. Am Gründonnerstagabend. Als Christus verraten ward. Und der Pfarrer betete für mich. Aber ich war hart. Wie kann ein Mensch so verstockt sein? Sagt mir, Pfarrer, wie kann ein Mensch so verhärtet sein? Aber ich konnte das Silber nicht mitnehmen. Ich habe es unter einem Grabstein vergraben.

Britta stand auf dem Stein. Das sah ich im Mondschein. Ich hob den Stein auf und grub ein Loch darunter, und dort liegt es nun. Da kann der Pfarrer es finden. Aber sagt mir, Pfarrer, gibt es Vergebung? Ich muß jetzt sterben, Pfarrer. Aber ich will wissen, ob es Vergebung gibt. Ich wollte Weihnachten nach Hause gehen. Mehrere Jahre habe ich es nicht gewagt, hierher zu kommen. Aber jetzt wollte ich nach Hause gehen. Zu Mutter und Vater und der kleinen Schwester und um Vergebung bitten, wenn es für einen, der so schlecht ist wie ich, Vergebung gibt."

Der Pfarrer hatte den gleichen Gedanken wie der Bauer Mats. Man konnte den armen Landstreicher hier nicht frierend, hungrig und krank in der Kälte liegen lassen. Er antwortete daher nicht gleich auf seine Frage, sondern versuchte ihn zu überreden, sich in das Bauernhaus tragen zu lassen. Aber Erik wollte nichts davon hören.

„Nein, Pfarrer, ich will hier sterben. Es dauert nicht mehr lange. Das fühle ich. Wir Landstreicher wissen, wann wir sterben müssen. Wir wandern, und dann ist es zu Ende. Auf einmal." Und wie zur Bestätigung der Worte bekam der Kranke wieder einen Hustenanfall, und eine Flut von schäumendem hellrotem Blut quoll ihm aus dem Munde.

Als der Anfall vorüber war, richteten sich Eriks Augen mit dem Glanz der letzten Verzweiflung auf den Pfarrer. „Sagen Sie mir, gibt es Vergebung?"

Der Pfarrer nahm Eriks heiße Hand und drückte sie fest.

„Es gibt Vergebung für den, der bereut."

„Ja, ich bereue", stöhnte Erik, „ich bereue alles. Es gibt nichts, was ich nicht bereue. Aber ich bin so verstockt gewesen. Ich habe nicht eher bereuen können, doch jetzt kann ich's."

„Und dann kann ich dir auch sagen, daß Gott dir vergibt."

„Ja, wenn ich das nur wüßte", stöhnte Erik, „wenn ich es nur wüßte. Wenn ich ein Zeichen erhielte."

Da steckte der Pfarrer die Hand unter den Wolfspelz und zog ein altes abgenutztes Holzfutteral hervor.

„Hier sieh", sagte er. „Mir sagte eine Stimme, sicherlich war es Gottes Stimme, daß ich dieses mitbringen sollte. Hier hast du das Zeichen, daß Gott dir vergibt." Und er öffnete das alte Futteral. Im letzten Tageslicht sah Erik einen Kelch, der silberweiß gegen den dunkelroten Samt glänzte.

„Meint der Pfarrer, meint der Pfarrer, daß ich das Abendmahl nehmen darf?"

„Ja."

„Ich? Ein so großer Sünder?"

„Das Abendmahl ist für große Sünder."

Der Pfarrer zog eine kleine Flasche hervor und goß Wein in den Kelch. Er nahm eine weiße Oblate aus einem Versteck im Kelch. Dann sang er mit seiner schönen Stimme „Christe, du Lamm Gottes, der du trägst die Sünd der Welt …" Nie zuvor hatte er so stark empfunden, wie wirklich und notwendig diese Worte waren. Der Kranke lag mit geschlossenen Augen. Er sammelte seine letzten Kräfte und faltete seine Hände; dann richtete er sich mit Hilfe von Mats auf, als er das Abendmahl nehmen sollte. Als der Pfarrer den Segen gesprochen hatte, flüsterte Erik: „Darf ich Eure Hand halten, Pfarrer? Ich habe Nisses Hand gehalten, als er starb."

Der Pfarrer gab ihm die Hand. Erik kämpfte einen kurzen, harten Kampf. Dann wurde er ruhig. Aber er öffnete noch einmal seine Augen und bewegte die Lippen. Der Pfarrer beugte sich zu ihm.

„Vergesset nicht, daß es unter einem Stein mit dem Namen Britta liegt. Aber wartet bis zum Frühling damit, es auszugraben. Jetzt geht es nicht, da der Boden gefroren ist. Man könnte es beschädigen. Und das wäre schade. Es war so schön …"

Und dann starb Erik Johansson-Smith, genannt „Smitte", mit einem hellen Lächeln auf seinem verwüsteten Gesicht.

Die Schiffersfrau aus Sembla

In der Nähe der Werft von Sembla sah man seit vielen Jahren die Reste einer höchst merkwürdigen Menschenwohnung. Vom übrigen Teil des Prahms abgesägt und von festen Deckenbalken gestützt, lag das Achterkastell eines Schiffes, das einst eine königliche oder wenigstens eine fürstliche Jacht gewesen sein mußte. Eine alte Kajütentreppe führte an Deck, wo man noch die Steuerkabine und die Reste eines Steuers sah. Eine Haube schützte den Abstieg zur Kajüte.

Stieg man die morsche Leiter hinunter, befand man sich in einem geräumigen Achtersalon mit etwas gewölbter Decke, wo zwischen marmorierten Deckenbalken Blumengirlanden von Amoretten und Kupidos geschwungen wurden, von Schimmelflecken entstellt und zum großen Teil abgeblättert, so daß einem so kleinen Cherub meistens entweder Kopf oder Arme oder Beine fehlten.

Zwei kleine viereckige Fenster achteraus gaben genügend Licht. Man sah die Reste von Kojenplätzen, eine zerbrochene Schiffskiste in einer Ecke, in einer andern einen eisernen Herd, dessen Rohr durch die Decke hinauf ging. In der Schiffskammer war eine Luke, die anscheinend zu einem Keller führte.

Der junge Student, der mit dem Kanalschiff ins Erzland fahren wollte, hatte viel Zeit beim Durchschleusen seines Schiffes. Er zog sein Skizzenbuch hervor und hatte gerade ein kleines Bild der alten Kajüte fertig gezeichnet, als sich das eine Fenster verdunkelte. Er sah einen Mann draußen stehen, der seine Augen mit der Hand beschattete und durchs Fenster hinein schaute.

Das Gesicht, das ihn ansah, war so markant, daß er eifrig zu zeichnen begann. Offenbar war es ein alter Schiffer. Ein Gesicht mit tausend Falten; wettergebräunte Wangen von einer kräftigen Schifferfräse umgeben; eine Schirmmütze mit irgendeiner alten Kokarde; eine Pfeife im Munde.

Nachdem der Mann eine Weile hineingeschaut hatte, gerade so lange, daß der Student seine Skizze fertig zeichnen konnte, ging er seines Weges. Der Student aber stürzte die Treppe hinauf und holte den Mann ein.

Es war noch reichlich Zeit, bis das Kanalschiff durch die letzte Schleuse gekommen war, und der Student wollte gern etwas über die alte Kajüte erfahren.

Der Schiffer nahm die Pfeife aus dem Mund.

„Und warum wollen Sie das?"

„Aus keinem besonderen Grunde, nur weil es mir Spaß macht."

„Da will ich Ihnen nur sagen, daß das alte Kajütenwrack dort nicht zum Spaß liegt."

Der Student versuchte zu scherzen.

„Es sieht aber fast so aus."

„Dann will ich Ihnen sagen", erklärte der Schiffer und klopfte seine Pfeife an einem Stoß Eisenblöcken aus: „Wenn Sie wüßten, was in diesen Kajütenwänden alles geschehen ist, würden Sie ein ganzes Buch darüber schreiben können. Denn Sie sind wohl ein Schriftsteller, kann ich mir denken."

„Werde vielleicht so etwas werden", antwortete der Student. „Aber wollen Sie es mir nicht erzählen?"

„Nein, das will ich nicht", antwortete der Schiffer. „Das ist nicht für jeden beliebigen Menschen. Soviel will ich ja sagen:

52

Meine Mutter hat dort ihr ganzes Leben lang gewohnt. Dort ist sie geboren, dort ist sie gestorben, und was dazwischen war, steht in dem großen Buch geschrieben, das am jüngsten Tage geöffnet werden wird. So, nun wissen Sie es. Leben Sie wohl!"

Der Student schaute dem alten Mann nach, der mit dem sicheren, wiegenden Gang eines Seemannes davontrottete. Er sah etwas verdutzt aus. Als er sich wieder wandte, um die alte Kajüte zu betrachten, die ihm jetzt doppelt interessant geworden war, staunte er über ihre Schönheit, die noch in ihrem Verfall von den vornehmen Ahnen des alten Prahms erzählte. Die Fensterrahmen hatten ein Leistenwerk aus Weinranken und Trauben, und den Achtersteven schmückte ein Wappenschild mit einer Krone darüber.

Nachdem das Kanalschiff die letzte Schleuse passiert hatte und der Student wieder an Bord gekommen war, stand er noch lange und schaute nach dem alten Prahm aus. Das Schiff dampfte gerade an einem kleinen roten zweistöckigen Häuschen mit weißen Fensterläden und hübsch geschnitzten Türpfosten vorüber, als ein alter Bootsmann zu ihm trat.

„Ich habe gesehen, daß Sie ein Palaver mit dem alten Schleusenwächter hatten", sagte er.

„Ich dachte, er sei Schiffer", antwortete der Student.

„Ist er gewesen", sagte der Bootsmann. „Jetzt ist er Schleusenaufseher, wohnt übrigens dort in dem Häuschen." Er zeigte nach dem hübschen gepflegten kleinen Gehöft.

„Ja, er kam und guckte durch die Fensterscheibe, als ich die alte Kajüte betrachtete."

„Kann ich mir denken", meinte der Bootsmann, „er hütet das alte Bootswrack wie seinen Augapfel. Seine Mutter hat dort auf ihre alten Tage gewohnt."

„Ich versuchte ihn zu bewegen, mir von seiner Mutter zu erzählen. Aber das gelang mir nicht."

„Nee", erwiderte der Bootsmann, „und viel ist wohl auch nicht von einer zu erzählen, die ihr ganzes Leben in einer alten Kajüte zugebracht hat."

„Haben Sie seine Mutter gekannt?"

„Ob ich sie gekannt habe, ja, das kann man wohl sagen. Es war meine Mutter."

„Dann sind Sie der Bruder des Schleusenwärters?"

„Halbbruder. Ich kam als letzter, in ihrer zweiten Ehe. Sie überlebte ihre beiden Männer. Und beide kamen auf gleiche Weise ums Leben. Als sie zum zweiten Male Witwe geworden war, zog die Schiffahrtsgesellschaft den alten morschen Prahm an Land, sägte die Kajüte ab und ließ meine Mutter dort bis zu ihrem Tode wohnen. Vor zehn Jahren ist sie gestorben, neunundachtzig Jahre alt, und mein Bruder pflegt jene Kajüte liebevoller als ihr Grab. Es ist fast eine Heiligtumsschändung, wenn jemand anders als er in das alte Wrack steigt."

Nun war das Interesse des Studenten wirklich erwacht. Es war noch eine weite Strecke bis zur nächsten Schleuse. Der Bootsmann war frei. Die Sonne stand bereits tief im Westen, und die ersten Frühlingsmücken begannen zu tanzen. Grüne Ufer mit Stiefmütterchen und Maiglöckchen zogen an seinen Blicken vorüber. Von einem Bootsmann auf einem Schiffsdeck wurde auf dieser Fahrt in den Abend in kurzen Zügen das Schicksal einer Frau erzählt. Die Pfeife in seinem Munde wurde angezündet und erlosch und wurde wieder angezündet.

Zeitweise brannte sie überhaupt nicht, denn da war der Erzähler gleichsam in einer anderen Welt, die er so sehr erlebte, daß er nur noch für sich sprach oder zu der, von der er erzählte.

„Ja, sie ist in jener Kajüte geboren. Und das geschah in Stockholm. Dort lag eine abgetakelte Königsjacht an Södra Malmen, und die Kanalschiffahrtsgesellschaft entdeckte den Schiffsrumpf. Der Kanal war damals gerade umgebaut, und die alten

Prähme wurden gegen neue und größere umgetauscht. Aber man konnte nicht schnell genug bauen und kaufte dazu, was zu haben war. Damals war der Prahm prächtig mit Gold und Farben und feinem Deck, und Großvater wurde mit seiner Führung betraut, denn er war jung und eben verheiratet, ein Prachtskerl von Schiffer. Großmutter säugte ihr gerade geborenes Kind auf der ersten Reise des Prahms, und seine Wiege war die alte Schiffskiste, die heute noch in der Kajüte steht. Damals segelte man noch, daher wurde der Prahm aufgetakelt. Die alte Jacht war ein prächtiger Segler und machte drei Fahrten, während die anderen nur deren zwei hinter sich brachten.

Und so vergingen die Jahre, und aus dem Wickelkind wurde eine kleine Göre, die auf dem Roof spielte und in der Takelage herumkletterte. Aus der kleinen Göre wurde ein hübsches Mädchen, das an den Samstagabenden zu Klarinette und Geige auf Deck tanzte. Und die Burschen rissen sich um sie. Mein Stiefvater schlug manche Burschen lendenlahm, ehe er sie bekam. Sie hätte wohl einen anderen haben wollen, aber in jener Zeit siegte der Stärkere.

Er zog in die Kajüte, als Großvater in einer Sturmnacht vom Großbaum getroffen über Bord ging. Großmutter weinte sich zu Tode, und dann waren die beiden jungen Leute allein in der Kajüte. Es wurden eine Reihe von Kindern in der Kajüte geboren, allein sie starben eins nach dem anderen, schließlich blieb nur noch der, der jetzt Schleusenwärter in Sembla ist.

Mutter trauerte über den Verlust der Kleinen, noch trauriger aber war sie über ihren Mann: Er war völlig weibstoll, mein Stiefvater, und überall hatte er Mädel und Kinder. Manchmal standen sie neben ihren Katen am Kanal und zeigten ihm ihre Kinder, wenn das Schiff vorbeisegelte, und eine jede glaubte wohl, daß sie die Einzige für den Mann sei, der dort am Ruder in der Steuerkabine stand. Mutter saß mit abgewandtem Gesicht dabei, weinte und stopfte ihrem Mann Strümpfe oder strickte ihm neue, oder sie kniete an der Waschbalje an Deck oder hängte Wäsche zum Trocknen auf oder stand am Herde und plättete seine Hemden.

Nie sagte sie ein böses Wort zu ihrem Manne, nie machte sie ihm Vorwürfe oder zankte sich mit ihm. Nur sonderbar wurde sie und nach innen gewandt. Manchmal muß sie tief verzweifelt gewesen sein. Einmal hatte sie eine Schlinge an einem Haken eines Deckenbalkens befestigt. Da lief der Prahm bei Hochwasser gegen einen Pfahl, weil er gerade mit Ballast fuhr und beim Krängen fiel die Bibel vom Bord über dem Kajütenfenster und blieb aufgeschlagen auf dem Tisch darunter liegen. Als Mutter das sah, sank sie auf die Knie und weinte, den Kopf auf der Bibel, und als sie sich ausgeweint hatte und aufstand, fühlte sie, daß sie zum Frieden gelangt war.

In jenem Augenblick trugen einige Bootsmänner eine schwere Last die Kajütentreppe hinunter. Es war ihr Mann, mein Stiefvater. Er hatte bei dem plötzlichen Krängen des Schiffs das Gleichgewicht verloren. Er griff nach dem Steuerrad, aber das Rad drehte sich im Kreise, denn eine der Steuerleinen war an der Dückdalbe hängengeblieben, auf die der Prahm gerannt war. Er wurde mit dem Kopf gegen ein Eichenspant der Beplantung geschleudert.

Man bettete ihn in die Koje, und mit viel Anstrengung gelang es, sein Blut, das aus einer schrecklichen Kopfwunde strömte, zu stillen.

Aber er wurde nie wieder wie früher, mein Stiefvater. Ihm war so schwindelig, daß er nie wieder gehen konnte. Ein Jahr lang lag er in seiner Koje, ehe er sich stundenweise hinsetzen konnte.

Mutter mußte den Prahm übernehmen. Sie wußte alles von Navigation und Ruder, von Seekarten und Kompaß. Sie stand in Ölkleidung und Südwester im tobenden Sturm und steuerte in sternenlosen Nächten und dichtestem Nebel nach dem Kompaß zwischen allen Untiefen hindurch. Sie besorgte die Ladescheine und Rechenschaften besser, als der Schiffer es selbst getan hatte. Alle hatten Respekt vor ihr, sowohl in den Büros der Schiffahrtsgesellschaften als auch in den Hafenvierteln.

Als es Herbst wurde und Schiffer und Bootsleute sich in ihre winterfesten Katen am Kanal zurückzogen, blieb Mutter in der Kajüte wohnen, die eingefroren in Sembla lag.

Mit den Jahren ging es ihrem Mann immer schlechter. Anfangs hatte er wie ein gefangenes Tier gegen das bittere Schicksal getobt, das ihn getroffen hatte. Er versuchte auf alle Weise die Männer zu bewegen, ihm Branntwein einzu- schmuggeln. Aber Mutter machte dem ein Ende. Er war des- wegen auch gegen sie verbittert. Doch diese Bitterkeit war wohl nur eine Maske für alle Gewissensqualen, die er litt.

Mutter sorgte für ihn und den Prahm und den Jungen, der sich gut machte und bereits Heizer auf einem der ersten Dampf- schiffe war. Er wollte auch in Mutters Prahm eine Dampf- maschine einbauen, aber das erlaubte sie ihm nicht.

‚Nein, solange ich lebe, soll das nicht geschehen', sagte sie.

Im Winter war er meistens zu Hause, saß in der Kajüte und lernte für sein Steuermannsexamen. Der Vater war vor seinem Sohn weniger scheu als vor seiner Frau. Aber dann gründete der Junge eine eigene Familie. Er hatte sein Examen gemacht, ein Mädchen gefunden und sich verheiratet und war zu den Schwiegereltern gezogen.

Am ersten Weihnachtsabend, den sie allein in der Kajüte ver- brachten, wurde es zwischen meiner Mutter und meinem Stief- vater wieder gut. Sie hat es mir einmal erzählt.

Der Prahm lag eingeschneit am Ladekai. Mutter war lange Zeit in der Dämmerung draußen gewesen. Und dann kam sie mit einem kleinen Tannenbaum nach Hause.

Als ihr Mann das sah, sagte er: ‚Ich dachte, wir würden keinen Tannenbaum haben, jetzt, da kein Kind mehr zu Hause ist.‘

Mutter erwiderte darauf: ‚Dann müssen wir wohl selbst Kinder sein.‘

Wie der Mann das hörte, begann er zu weinen. Er lag in seiner Koje, konnte nicht mehr aufrecht sitzen.

Mutter räumte in der Kajüte auf und ließ ihn weinen. Sie suchte den alten Tannenbaumfuß hervor und zündete die Kerzen an. Setzte den Kaffeekessel auf den Herd und deckte das Kaffeetablett. Der Mann weinte immer noch. Ja, das Weinen wurde nur immer heftiger, statt aufzuhören.

Schließlich ging Mutter zu ihm und setzte sich auf die Pritsche neben der Koje.

‚Warum weinst du, Vater‘, fragte sie freundlich wie zu einem Kinde. Kein Vorwurf lag in ihrer Stimme.

Der Mann wandte ihr sein Gesicht zu. Es war ihm gleichgültig, daß er wohl alles andere als schön aussah, daß sein Gesicht verzerrt war und er schniefte.

‚Ich weine, weil ich ein so großer Sünder bin‘, sagte er, ‚weil ich dir und so vielen anderen Unrecht getan habe. Doch du bist immer gut gewesen, hast mir nie ein böses Wort gesagt, und dabei hättest du doch einen so schlechten Mann wie mich verlassen müssen. Und als ich dann ein gestrandetes Wrack wurde, hast du den Prahm übernommen, hast für alles gesorgt, auch für mich.‘

Mutter beugte sich und schlang ihre Arme um den bärtigen Kopf ihres Mannes. Sie lehnte ihre Wange an die seine und beider Tränen vermischten sich.

‚Aber weißt du denn nicht, daß ich deine Frau bin? Wie sollte ich den verlassen, dem ich Treue gelobt habe?‘

‚Ich verstehe es nicht‘, sagte der Vater. ‚Ich kann es kaum glauben.‘

‚Man muß glauben‘, antwortete Mutter. ‚Sonst kann man nicht leben. Und man muß auch lieben.‘

‚Ich habe auch geliebt‘, sagte der Mann, ‚aber es war wohl nicht die richtige Liebe.‘

An diesem Abend begann Mutter ihrem Mann aus der Bibel vorzulesen. Nachdem sie Kaffee getrunken hatten, sang sie den Weihnachtschoral, und dann holte sie Großmutters Bibel vom Bord. Mein Bruder besitzt diese Bibel noch heute.

Von nun an las sie jeden Tag aus der Bibel, solange ihr Mann noch lebte. Er lebte nicht bis zur nächsten Weihnacht.

Mutter fuhr fort, den Prahm zu steuern, bis eines Tages mein Vater kam und sowohl den Prahm als auch sie übernahm. Und dann kam nichts weiter mehr.“

Der Student blickte auf, während sich der Bootsmann seine Pfeife wieder anzündete und einige Züge tat.

„Was sagen Sie? Kam nichts weiter?“

Der Bootsmann nahm seine Pfeife aus dem Mund und lachte.

„Ja, irgendwie ging es wohl weiter. Aber Mutter sagte bisweilen, daß man sein Leben nie noch einmal leben könne. Ich verstehe schon, was sie damit meinte. Sie hatte es ja gut mit meinem Vater. Er war fromm und still und war freundlich zu Mutter. Sie lebten friedlich zusammen. Und eines Tages kam ich, unerwartet. Mutter sagte mir einmal im Scherz: ‚Es ist mir wie Sara ergangen. Ich habe in meinem Alter ein Kind geboren.‘

Ich selbst erinnere mich an die glücklichste Kindheit. Auch ich bin in der alten Kajüte geboren und habe als Kind auf einem Schiffsdeck gespielt und bin mehr zu Hause auf einem Schiff als auf dem Lande. Ich finde, meine Kinderjahre sind recht schnell vergangen. Die Zeit war für mich wie ein einziger heller Tag, wie ein Sommer mit Sonne und Regen und grünen Ufern. Und wie eine einzige lange Nacht im Winter, wenn wir in der Kajüte wohnten und Weihnachten feierten.

Mutter trug nicht mehr Ölkleidung und stand nicht mehr am Steuer. Ich erinnere mich, daß sie meist in der Sonne auf Deck saß. Strümpfe stopfte oder strickte oder die Wäsche an der Ralje auswrang und sie auf dem Paard unter dem Großbaum trocknete oder am Herde in der Kajüte plättete. Ich erinnere mich, wie sie abends bei einem Kerzenlicht in der Bibel las. Ich lag in meiner Koje und blinzelte in das Licht, bis ich einschlief, während die Wellen ihr ewiges Lied am Schiffsbord sangen.

Eines Nachts erwachte ich, weil Mutter das Licht anzündete. Schwere Schritte waren auf der Kajütentreppe zu hören von Männern, die eine Last trugen. Vater war hinaufgestiegen, um einen Block in Ordnung zu bringen, da ein Fall in der Kälte, die auf den Schneeregen folgte, festgefroren war. Dann war er auf der vereisten Rahe ausgeglitten und auf Deck gestürzt. Er war tot.

Ich lag in meiner Koje und weinte, während sich Mutter Vaters Ölkleidung anzog. Denn kein anderer kannte die Fahrrinne. Da stand sie am Steuer auf der langen Heimfahrt, während Vater unter einem Persenning in der Back lag.

Von Mutter habe ich Seekarten und Kompaß kennengelernt. Als der Prahm für immer aufgelegt wurde, kam ich auf das Dampfschiff. Aber Mutter blieb in der Kajüte wohnen.

So eine Mutter haben nicht viele gehabt."

Der Student saß lange schweigend da, nachdem der Bootsmann seine Erzählung beendet hatte.

„Wie ist Ihre Mutter denn heimgegangen?" fragte er leise.

„Ich kam eines Morgens zur Kajüte", sagte der Bootsmann, „als wir durch die Schleuse von Sembla fuhren. Es war an einem Frühlingsmorgen. Ich klopfte, um zu hören, ob sie schon wach sei. Aber niemand antwortete. Da ging ich hinein.

Da stand eine heruntergebrannte Kerze auf dem Tisch. Und ein leeres Wasserglas. Und dann lag dort die Bibel. Großmutters alte Bibel. Das war alles. Und Mutter lag da und schlief in Frieden."

Die Pfeife war in der rauhen Arbeitshand erloschen. Die Sonne war untergegangen. Das Schiff dampfte langsam den starken Strom hinauf.

Plötzlich blickte der Bootsmann auf und zeigte mit der Pfeife auf die Stromwirbel.

„Hier konnten wir nie segeln", sagte er. „Wir mußten den Prahm mit einem Seil den Strom hinaufziehen. Ich erinnere mich noch daran, daß ich Vater und den Männern beim Ziehen half, obwohl ich noch klein war. Dann stand Mutter am Ruder und steuerte. Mir ist, als sähe ich sie noch immer dort stehen."

Die Stiftung

Die Damen und Herren der Banken hatten zweimal im Jahr ein Erlebnis ungewöhnlicher Art. Das war, wenn die alte Frau Lindeman kam, um ihre Coupons abzuschneiden. Sie wurde immer von ihrer alten Dienstmagd, genannt Fia, begleitet, und ebenso vornehm und geschäftig und protzig wie die alte Frau Lindeman auftrat, so einfach und anspruchslos und dürftig war Fias Erscheinung. Die Damen und Herren wechselten verstohlene Blicke, während Frau Lindeman, von Fia gestützt, an den Marmortisch segelte und bat, ins Gewölbe hinuntergeführt zu werden.

Es war ein abenteuerliches Unternehmen, ins Gewölbe hinunter zu gelangen. Eine der Damen ging mit dem Schlüsselbund voran, einer der Herren stützte Frau Lindeman unter dem einen Arm, Fia nahm den anderen, und unter verschiedenen erschrockenen Ausrufen und vielem Stöhnen – Frau Lindeman war schwer asthmatisch – trat man die Wanderung in die Unterwelt an. Noch schlimmer als hinunterzukommen, war es, wieder heraufzusteigen. Zuerst mußten die oben Botschaft erhalten. Frau Lindeman wollte bei ihrer Arbeit im Gewölbe allein sein, nicht einmal Fia durfte mit hineingehen. Darum holte einer der Herren einen Stuhl für Fia, auf den sie sich draußen im Korridor setzen konnte. Und dort saß die treue Fia still und geduldig wie immer und wartete darauf, ihre Herrin rufen zu hören: „Fia, jetzt bin ich endlich mit diesem Irdischen fertig."

Auf diese Worte folgte immer ein frommer Seufzer, als wolle die fromme Frau Lindeman den Herrgott um Vergebung bitten, daß sie sich mit etwas so Weltlichem wie Couponsschneiden beschäftigt hatte.

Erst wenn Fia den Seufzer hörte, schleppte sie sich mühsam die Treppe hinauf. Sie war alt und gichtbrüchig, ja eigentlich war sie lahmer als ihre Herrin, aber da waren keine Herren, die sie stützten, o nein. Und dann kamen sie wieder herunter, die beiden Bankbeamten, und nachdem Frau Lindeman acht darauf gegeben hatte, daß ihr Fach ordentlich abgeschlossen wurde, begann der unliebsame Aufstieg die Treppe hinauf. Mit Hilfe dreier freundlicher Menschen und unter viel Seufzen und Stöhnen war Frau Lindeman endlich wieder oben. Man setzte ihr einen Stuhl an den Schalter, und während sich Fia in gebührendem Abstand aufhielt, wurden die Coupons gerechnet und quittiert, die Summen, die recht bedeutend waren, wurden bis auf weiteres ihrem Kapitalkonto gutgeschrieben und neue Wertpapiere eingekauft, die, wenn es soweit war, unter der gleichen mühsamen Prozedur in Frau Lindemans Bankfach gelegt wurden, um zweimal im Jahre Zinsen für neue Papiere zu tragen.

So war es viele Jahre gegangen. Und wieviel Aktien es im Lindemanschen Bankfach gab, wußte nur sie selber.

Während das Geld im Bankfach wuchs, wuchs die Armut im Lindemanschen Heim. Anfangs hatte Frau Lindeman, Witwe eines zwar nicht reichen, aber wohlhabenden Geschäftsmannes der Stadt, in einer hübschen, sonnigen Wohnung an der Hauptstraße gewohnt. Nach einigen Jahren mietete sie eine einfachere Wohnung, verkaufte die meisten Möbel und richtete sich das Leben mit Fia äußerst spartanisch ein. Was sie dazu angeregt hatte, war eine Stiftung gewesen. Einer der Geschäftsfreunde ihres Mannes, Långman, war gestorben und hatte ein recht großes Vermögen hinterlassen. Er vermachte seinen ganzen

Nachlaß wohltätigen Zwecken. Er erhielt einen schönen Nach-ruf in der Zeitung mit Bild und vielen Lobesworten. Und sein Name stand jedes Jahr in der Zeitung, wenn Stipendien des Långmanschen Fonds an begabte und arme Schüler des städti-schen Gymnasiums verteilt wurden.

Nun war Herr Långman in Frau Lindemans und auch ihres Mannes Augen ein ziemlich unbedeutender Geschäftsmann ge-wesen. Es war kaum zu glauben, daß sein kleines Geschäft am Stadtrand so viel Gewinn abgeworfen hatte. Es ging ihrer und ihres toten Mannes Ehre zu nahe, daß der alte Långman auf diese Weise in der kleinen Stadt unsterblich werden sollte. War nicht die Firma Lindeman viel vornehmer gewesen? Dort hatten alle feinen Frauen der Stadt eingekauft, und Lindemans Nachfolger, wie das Geschäft jetzt hieß, war immer noch der wichtigste Laden der Stadt.

Frau Lindeman fand keine Ruhe, ehe sie alle Schritte und Maßnahmen unternommen hatte, sich und ihrem Manne die gleiche Unsterblichkeit zu sichern, die dem alten Långman zuteil geworden war.

In ihrem Bankfach lag ein genau errichtetes Testament, in dem bestimmt wurde, daß, nachdem gewisse Legate an ihre Erben – sie hatte zwei wohlhabend verheiratete Töchter – und eine bescheidene Summe als Lebensrente für ihre alte Dienstmagd Sofia Persson abgezogen wären, der Rest des Vermögens der Stadt zufallen sollte. Sie wandte das Wort „Vermögen" an, ob-wohl die Summe bei Errichtung des Testamentes längst nicht den Grundbetrag des Långmanschen Fonds erreichte. Wenn aber ihr Fond durch Zinsen einen gewissen Betrag erreicht hätte, sollte er für die Stiftung eines Heimes für alleinstehende ältere Frauen, vor allem alte Dienstmädchen, verwendet werden. Das Testament enthielt genaue Vorschriften, wie dieses Heim ein-gerichtet werden sollte; das Wichtigste war, daß über dem

Eingangstor des Hauptgebäudes in vergoldeten Buchstaben stehen sollte: Lindeman-Stiftung.

Anfangs war diese zukünftige Stiftung für Frau Lindeman eher ein Traum als eine Hoffnung. Wenn sie nur noch wenige Jahre leben sollte, würde der „Fond" kaum für ein Gebäude reichen können, geschweige denn für die künftige Erhaltung. Aber wenn sie recht lange leben dürfte …

Frau Lindeman hatte jetzt nur noch einen leidenschaftlichen Wunsch: sie wollte „lange leben auf Erden", wie es im Katechismus stand. Bei näherem Nachdenken war Frau Lindeman davon überzeugt, daß sie wohl zu denen gezählt werden konnte, die „ihren Vater und ihre Mutter ehrten". Und sie begann Gott Vater daran zu erinnern.

Ja, so fing es tatsächlich an, daß Frau Lindeman „religiös" wurde. Sie begann mit Gott darüber zu reden, wie gut sie das vierte Gebot erfüllt habe. Sie entsann sich, daß ihre alten Eltern sie immer ihr bestes und gehorsamstes Kind genannt hatten. Sie war ihnen in allen Dingen immer zu Willen gewesen, sogar als sie wünschten, daß sie Lindeman heiraten sollte. Sie erinnerte sich noch an den Tag, an dem er kam und um sie anhielt. Er trug ein Jackett und steifen Hut und gut gebügelte, gestreifte Hosen (sie erinnerte sich genau an die feinen Hosen), und in der Hand hielt er einen Strauß in einem steifen Kräuselpapier, wie man es heutzutage bei Torten hat, und er saß in ihrem Eßsaal und wand sich, und sie stand hinter der Tür und hörte, wie er um ihre Hand anhielt. Und Mutter kam in die Kammer und redete mit ihrer kleinen Mari, und Mari sagte: „Ja, gewiß, liebe Mutter." Und dann wurde geheiratet, und sie wurde Lindeman eine gute Ehefrau. Niemand konnte es abstreiten.

Und darüber sprach Frau Lindeman auch mit Gott. Sie war Lindeman eine gute Frau gewesen und hatte ihren „Gemahl geliebt und geehrt". Auch dieses Gebot hatte sie erfüllt.

Frau Lindeman begann, in die Kirche zu gehen. Dazu hatte sie selten Zeit gehabt, als Lindeman noch lebte. Sie nahm immer ein Geldstück für die Kollekte mit, wie groß es war, ging keinen etwas an. Wenn man eine so große Stiftung im Hintergrund hatte, machte es nichts aus, wenn die Geldstücke für die Kollekte nur Kupfermünzen waren.

Anscheinend beabsichtigte Gott, sein im vierten Gebot gegebenes Versprechen zu halten. Frau Lindeman lebte lange auf Erden. Jahr um Jahr verging, ein Jahrzehnt nach dem anderen. Das Geld auf der Bank vermehrte sich. Frau Lindeman stellte mit Befriedigung fest, daß die „Summe" schon längst den im Testament vorgeschriebenen Betrag für Bau und Erhaltung der „Lindeman-Stiftung" überschritten hatte. Und Frau Lindeman hätte sich darüber freuen müssen, aber das tat sie nicht.

Sie war von einer seltsamen Unruhe ergriffen. Sie war geizig geworden. Geld kann eine wunderliche und gefährliche Macht über die Menschen gewinnen. Und diese Macht hatte das Geld über Frau Lindeman erhalten. Wer es zuerst merkte, war die alte Fia.

Fia war auch religiös. Aber sie ging nicht in die Kirche. Wenn Fia zum Gottesdienst gehen wollte, dann ging sie in die Heilsarmee. Dahin paßte sie so gut – wegen ihrer armseligen Kleidung und ihrer scheuen Erscheinung. Frau Lindeman freute sich, daß Fia nicht in die Kirche ging. Es wäre ihrer Ehre zu nahegegangen, wenn das arme Geschöpf neben ihr in der Bank gesessen hätte. Und hätte Fia anderswo allein gesessen, würden sich die Leute wohl darüber gewundert haben.

Fia sah mit Sorge die Macht, die das Geld über ihre Herrin gewann. Sie wußte nichts von der Stiftung für alleinstehende ältere Frauen, vor allem für alte Dienstmädchen. Aber sie wußte, daß sie wegen der Geldgier ihrer Herrin frieren und hungern mußte und schlecht gekleidet war. Frau Lindemans Geiz und

Geldgier wären ein Stadtgespräch geworden, wenn Fias Lippen nicht versiegelt gewesen wären, und wenn Frau Lindeman nicht darauf geachtet hätte, daß sie einigermaßen gut gekleidet auftraten, wenn sie sich zusammen in der Stadt zeigten.

Die Wohnung, in die Frau Lindeman zuerst gezogen war, hielt sie auf die Dauer für zu teuer. Wieder verkaufte sie einen Teil der Möbel und zog in eine billigere Wohnung. Auch diese wurde nach einigen Jahren zu teuer, und so zog sie immer wieder um, bis sie schließlich in zwei elenden kleinen Zimmern hausten, von denen das eine nicht einmal ein Fenster hatte und das Licht nur von dem äußeren Zimmer erhielt. Auch das Essen wurde mit der Zeit immer mehr vereinfacht.

Fia fand sich mit Engelsgeduld in alles. Schließlich nahm Frau Lindeman nur noch eine Mahlzeit am Tage ein, und die bestand aus Grütze, die auf einen Teller gefüllt wurde. Von diesem Teller aßen Herrin und Dienstmädchen gemeinsam, und damit es gerecht zuging, wurde die Grützenportion durch einen Querstrich geteilt, damit beide gleich viel erhielten; denn Frau Lindeman wollte nicht von sich sagen lassen, daß sie Fia das Essen nicht gönnte. Einmal, als die Portion kleiner als je war, geschah es, daß die arme Fia, ganz in Gedanken versunken, in die Portion ihrer Herrin geriet.

Die Alte sah erstaunt auf und sagte: „Herr Gott nochmal, wo ist der Strich geblieben?"

Fia wagte leise anzudeuten, daß man solche Ausdrücke nicht verwenden dürfe. Das sei ein Mißbrauch des Namens Gottes. Sie erhielt eine Zurechtweisung von ihrer Herrin. Aber im geheimen erschrak Frau Lindeman über diese Übertretung des zweiten Gebotes, die sie in ihrer Gedankenlosigkeit oft begangen hatte. Und sie befürchtete, daß dies ihre guten Aussichten beim Herrgott verringern könnte. Sie beschloß, sich in Zukunft vor diesen und ähnlichen Ausdrücken sorgsam zu hüten.

Jahr um Jahr verging, und die alten Frauen wurden immer älter, immer gebrechlicher, immer fadenscheiniger. Die Bankbeamten mühten sich die Treppen zum Bankfach herauf und hinunter, längst nachdem die Alten nicht mehr in die Kirche oder Heilsarmee zu gehen vermochten. Aber in den Betten ihrer elenden Behausung beteten sie abends jede auf ihre Weise zu Gott.

Frau Lindeman betete darum, lange auf Erden leben zu dürfen; Fia betete, daß Gott sie bald, bald aus diesem Jammertal zu sich in den Himmel nehmen möchte. Sie betete für ihre eigene arme Seele, und sie betete bisweilen, wenn auch mit Beben und aller Demut, für die Seele ihrer Herrin. Sie konnte ja nicht wissen, wie diese beim Herrgott angeschrieben war. Aber der Unterschied zwischen ihr selbst und ihrer Herrin schien ihr zu sein, daß die Herrin größere Anforderungen an den Herrgott stellte, während der Herrgott viel von der alten Fia forderte.

Eines Nachts sagte Gott zu Fia, sie solle mit Frau Lindeman über ihre Seele sprechen. Fia war ganz erschrocken und konnte gar nicht einschlafen. „Nein, nein, Herr, das kann ich nicht!" seufzte sie. „Das paßt sich nicht für mich, für ein armes und einfaches Dienstmädchen. Sprich du selbst mit ihr, Gott. Du kannst es." Aber Gott schien unnachgiebig zu sein. Wozu hatte er außerdem seine Diener, wenn sie nicht in seinem Namen zu den Menschen reden sollten.

Fia wand sich auf ihrem Lager. Sie hörte, wie ihre Herrin im Schlafe ganz heftig und ungleichmäßig atmete. Wenn sie nun bald sterben müßte und keiner mit ihr über ihre Seele gesprochen hätte! Fia litt Qualen. Sie faltete ihre Hände und rief zu Gott: „Nicht ich, Herr, nicht ich. Ich kann nicht, sende jemand anders."

Plötzlich kam Fia die Erleichterung. Sie wollte zu einem Seelsorger gehen. Am liebsten würde sie zu der Adjutantin der Heilsarmee gehen. Oh, sie hatte jetzt gerade eine so freundliche

68

Adjutantin. Sie war in der Selbstverleugnungswoche einmal bei ihnen gewesen und hatte um einen Beitrag gebeten. Frau Lindeman hatte sich abgewandt und war in die Kammer gegangen. Sie mochte die Heilsarmee nicht, das sei nur Bettelei, pflegte sie zu sagen. Aber Fia hatte ihr Kronenstück hervorgesucht, das sie für die Selbstverleugnungswoche aufgehoben hatte. Eigentlich hätte sie ein neues Halstuch nötig gehabt, aber das konnte unterbleiben. Sie ging ja so selten aus. Und die Adjutantin war eine Weile dageblieben, hatte ihr einen Gesang vorgesungen und ihr ein Wort Gottes vorgelesen.

Aber die Adjutantin wagte sie nicht für die Seele ihrer Herrin herzurufen. Nein, da wäre es besser, zu einem der Pfarrer zu gehen, vielleicht zu Pastor Holm. Der ging gern in die Hütten der Armen, und mit dem ließ es sich auch gut reden. Und nun bat Fia um Verzeihung, daß sie es nicht selbst wagte, mit ihrer Herrin zu sprechen, sondern zu Pastor Holm gehen wollte.

Es war wie eine unmittelbare Gebetserhörung, daß sie am nächsten Tage, als sie etwas beim Krämer besorgen mußte, an der Straßenecke mit Pastor Holm zusammenstieß.

Pastor Holm ging nie an einer so alten Frau wie Fia vorüber, ohne stehenzubleiben und ihr die Hand zu geben und eine Weile mit ihr zu reden. Fia hatte daher Gelegenheit, ihr Anliegen vorzubringen. Aber sie brauchte ihn nicht einmal zu bitten. Er war auf dem Wege zu Frau Lindeman. „Ich habe sie so lange nicht in der Kirche gesehen", sagte Holm, „und wollte gerade zu ihr gehen." So etwas an Gebetserhörung hätte Fia kaum zu hoffen gewagt. Ja, Gott ist doch merkwürdig, murmelte Fia, als sie sich zum Krämer begab. Aber dann ging sie auf einem weiten Umweg nach Hause. Jetzt würde der Pastor in Ruhe mit ihrer Herrin sprechen können.

Fia kam auf ihrem Umweg in den Stadtpark. Sie setzte sich auf eine Bank. Was für ein gesegnet schöner Tag es war. Und wie die

Sonne leuchtete, und wie grün es im Park war. Hier vielleicht zehn Minuten, vielleicht eine Viertelstunde sitzen zu dürfen und zuzuschauen, wie die lieben Kinder in ihren Sandkisten spielten. So mußte es wohl im Paradiese sein. Fia kam so selten ins Freie. Ihre Herrin hatte keine Ruhe, wenn Fia nicht bei ihr war. Sie war auf ihre alten Tage so ängstlich geworden, die Arme. Sie machte sich wohl um ihr vieles Geld Sorgen.

Unterdessen saß Pastor Holm bei Frau Lindeman und redete mit ihr. Er ging gerade auf die Sache los, wie es seine Gewohnheit war, und begann ohne Umschweife, mit Frau Lindeman über ihr hohes Alter zu sprechen, daß sie nicht mehr allzu lange auf Erden leben würde und bald in die Ewigkeit abgerufen werden könnte, und wie wichtig es sei, daß sie dann ihre Sache mit Gott ins reine gebracht hätte.

Aber das war ein Thema, über das Frau Lindeman durchaus nicht reden wollte, o nein. Sie hoffe, noch viele, viele Jahre leben zu dürfen, und was den Herrgott betreffe, so stehe sie mit ihm auf bestem Fuß.

Pastor Holm hatte die gute Angewohnheit, die Leute, mit denen er redete, aussprechen zu lassen. Auf diese Weise lernte er sie und ihre Probleme und Bedürfnisse am besten kennen. Und Frau Lindeman hatte lange Zeit niemand gehabt, mit dem sie reden konnte. Jetzt redete sie darauf los. Ja, sie ging weiter als je. Sie vertraute dem Pastor – natürlich unter dem Siegel der Beichte, wie sie sich ausdrückte – ihr Geheimnis mit ihrem Testament und mit ihren Wertpapieren und Zinsen an; sie hielt auch nicht damit hinter dem Berge, daß sie einen Vertrag mit dem Herrgott abgeschlossen habe und sich zugute halte, immer Gottes Gebote, vor allem das vierte und sechste Gebot gehalten zu haben. Sie sei eine gute Tochter und eine gute Ehefrau und immer freundlich gegen Dienstboten gewesen. Ja, sie verbarg nicht einmal, daß sie erst in ihrem hohen Alter erkannt habe, wie sündig es sei, „Herr Gott

nochmal" und ähnliche kleine unschuldige Ausdrücke zu ge-
brauchen. Sie war Gottes Wohlgefallen ganz sicher.

„Sehen Sie nur, wie lange ich leben durfte. Können Sie sich
denken, daß ich jetzt neunundachtzig Jahre alt werde. Herr
Pastor, das sind fünf Jahre mehr als die alte Hanna, Phanuels
Tochter vom Geschlecht Asser; Sie hören, daß ich meine bibli-
sche Geschichte noch weiß. Und ich fühle mich so gesund und
frisch, als ob ich neunzig und hundert Jahre alt werden könnte.
Und je länger ich lebe, desto mehr Geld gibt es für die Stiftung,
den armen Mitmenschen zum Segen und …"

„Und Frau Lindeman zu Ehren", sagte Pastor Holm leise und
wie zu sich selbst, den Kopf über seine gefalteten Hände gebeugt.

Frau Lindeman hatte noch gute Ohren. Sie wollte erst so tun,
als ob sie nichts gehört hätte. Aber ein seltsamer Zorn stieg in
ihr auf. Wollte sich der Pfarrer etwa über sie lustig machen?

„Wie sagten Sie, Herr Pastor?" fragte sie. „Ich habe nicht
recht gehört."

„Oh, schwindeln Sie nicht, Frau Lindeman", sagte Pastor
Holm. „Sie haben es wohl gehört."

Es wurde ganz still. Pastor Holm wartete, daß Frau Lindeman
etwas sagen würde, und diese wartete auf ein Wort von ihm.
Etwas, das seine Worte beschönigen, sie entschuldigen und den
unangenehmen Eindruck verwischen könnte. Aber der Pfarrer
schwieg, und Frau Lindeman schwieg.

Während sie schwiegen, redete Gott. Er redete durch eine
Zeitung, die durch eine Türspalte gesteckt wurde, die als Brief-
kasten diente. Niemand dachte zunächst an diese Zeitung. Es ist
ein seltsames, unerträgliches Schweigen zwischen zwei Menschen, wenn sie nicht wissen, wohin sie sich wenden sollen. Und
da wandten sich ihrer beider Blicke nach der Zeitung. Sie lag dort
auf dem Fußboden wie irgendeine beliebige Zeitung. Ein
Sonnenstrahl, der plötzlich zwischen zwei hohen Häusergiebeln

hereinschien, glitt langsam über die Zeitung, ehe er verlosch. Dieser Sonnenstrahl hatte einige große Buchstaben auf der ersten Seite beleuchtet.

Plötzlich stieß Frau Lindeman einen Schrei aus. Sie konnte ebenso gut sehen wie hören. Ihre Blicke hatten einen Namen auf der ersten Seite aufgefangen, einen Namen, der auch auf ihren Aktien stand.

Pastor Holm sah bestürzt aus. Er nahm die Zeitung auf, die Frau Lindeman nicht holen konnte, warf einen Blick auf die erste Seite und begriff alles. Dann reichte er Frau Lindeman die Zeitung.

„Ich gehe jetzt", sagte er, „Sie können mich rufen lassen, wenn Sie mich brauchen."

Als Fia nach Hause kam, lag Frau Lindeman bewußtlos auf dem Fußboden. Sie glaubte erst, daß ihre Herrin tot sei, doch nachdem sie sich vergewissert hatte, daß sie nur ohnmächtig sei, lief sie zur Gemeindeschwester, die in der Nähe wohnte. Sie hoben Frau Lindeman in ihr Bett, und die Schwester wunderte sich darüber, wie dürftig es war, denn Frau Lindeman galt doch als reich.

Die Schwester untersuchte sie schnell. Dann ging sie hinaus und rief den Doktor an. Es dauerte eine Weile, bis er kam. Unterdessen lag Frau Lindeman da und starrte mit verglasten Augen vor sich hin. Es war offenbar eine Schockwirkung. Der Arzt kam, behorchte das Herz und ging dann hinaus, um einen Krankenwagen zu bestellen.

Es war einige Tage später im Krankenhaus.

In einem der Säle lag Frau Lindeman hinter einem hohen Schirm in einem Bett. An ihrer Seite saß Pastor Holm.

Auf dem Nachttisch stand ein kleiner vergoldeter Kelch, und darüber ein Hostienteller mit den weißen Abendmahlsoblaten.

Pastor Holm sang leise: „Christe du Lamm Gottes, der du trägst die Sünd der Welt, erbarme dich unser."

Als er zum Schluß die Oblate nahm, um sie an Frau Lindemans zitternde Lippen zu führen, ergriff die Alte mit ihren mageren krallenähnlichen Fingern sein Handgelenk. Der Pastor sah sie erstaunt an. Wollte sie etwa nicht? Er hatte geglaubt, daß ihre Reue aufrichtig und ihr Sündenbekenntnis echt sei. Er war froh darüber gewesen, daß Gott eine Seele in elfter Stunde davor bewahrt hatte, mit der ganzen Last ihrer elenden irdischen Fesseln in die Ewigkeit einzugehen.

Aber Frau Lindeman zog ihn näher heran. Sie wollte etwas sagen, doch ihre Stimme war sehr schwach. Pastor Holm beugte sich zu ihr. Und Frau Lindeman flüsterte: „Sagen Sie diese Worte noch einmal, ehe ich das Abendmahl nehme."

„Welche Worte?" fragte Pastor Holm.

„Ich armer, sündiger Mensch", sagte Frau Lindeman.

Und Pastor Holm wiederholte die Worte aus der Tiefe seiner Seele: „Ich armer, sündiger Mensch."

Als er den Segen sprach, ergriff er seinerseits Frau Lindemans Hand. Sie hielt sie fest, und als er geendet hatte, flüsterte sie mit geschlossenen Augen: „Frieden, Frieden, endlich Frieden."

Als Pastor Holm aus dem Krankenhaus kam, stand die alte Fia da und wartete auf ihn. Dem Pastor fiel plötzlich ein, daß die alte Fia jetzt ebenso arm war wie ihre Herrin. Es würde von den jetzt wertlos gewordenen Papieren keine Öre übrigbleiben, nicht einmal für ihre kleine kümmerliche Lebensrente. Das einzige, was sie erwarten konnte, war ein Zimmer im Altersheim. Ihm tat die kleine alte Dienstmagd so leid, die sich mit so rührend treuer Fürsorge einer alten geizigen Frau gewidmet hatte.

Aber die alte Frau sah durchaus nicht wie jemand aus, der einem leid tun mußte. Ihre Augen strahlten.

„Ist Gott nicht merkwürdig?" sagte Fia auf ihre einfache ruhige Art. „Er läßt große Geldfürsten zu Boden stürzen, um eine arme Menschenseele zu retten."

„Ja, er ist merkwürdig", antwortete Pastor Holm.

DIE MAGD DES PFARRERS

„… dem Praepositus, Gemeindepfarrer in Väringe und Vibo, Alexius Wegeman, wird auferlegt, sofern er nicht wieder in den heiligen Ehestand treten will, sich eine Magd oder eine andere geeignete Frauensperson zu beschaffen, damit das Pfarrhaus in Ordnung gehalten wird und die Gemeindeglieder nicht abgeschreckt werden, hineinzugehen …"

Der Bischof sah von seinem Visitationsprotokoll auf, schob die Brille auf die Stirn und sah mit einem schalkhaften Schimmer in seinen stahlgrauen Augen den unglücklichen Wegeman an. Die Amtsbrüder saßen in feierlicher Ruhe auf ihren Stühlen und wußten nicht recht, ob sie die Worte des Bischofs ernst nehmen sollten.

Aber je unglücklicher der arme Wegeman aussah, desto unmöglicher war es, ernst zu bleiben, und schließlich brachen alle in ein befreiendes Gelächter aus. Doch Wegeman warf einen verzweifelten Blick auf seinen mächtigen Vorgesetzten.

„Meint … meint der hochwürdige Herr Bischof, daß dieses vor der ganzen Gemeinde bei der Visitationssitzung vorgelesen werden sollte?"

„Freilich meine ich das, lieber Pfarrer", sagte der Bischof und versuchte, ernst auszusehen, „sofern nicht …"

„Sofern nicht was?" Wegeman ergriff dieses Wort wie einen Strohhalm.

„Sofern nicht unser lieber Praepositus feierlich vor mir und diesen Amtsbrüdern gelobt, diesen Passus meines Protokolls zu befolgen."

Die Adern auf Wegemans Stirn schwollen an. Er rang seine Hände.

„Nun ja, ich gelobe …"

„Feierlich, vor mir und diesen teuren Brüdern?"

„Feierlich, vor dem hochwürdigen Bischof und diesen ehrwürdigen Brüdern."

„Gut, dann streichen wir die Worte" – der Bischof nahm eine Feder und strich kritzelnd einige Zeilen aus dem Protokoll.

Wegeman seufzte, ob aus Erleichterung oder Kummer war nicht zu sagen.

Der Bischof sprach ein kurzes Gebet, und alle standen auf, um ins Gasthaus zu gehen, wo das Visitationsessen stattfinden sollte.

Das Zimmer wurde leer. Der Rauch von Pfeifen und Zigarren lag noch dick unter der niedrigen Stubendecke. Der Raum, der zugleich Arbeitszimmer und Amtszimmer des Pfarrers war, bot einen trüben Anblick. Ein Tisch. Ein eingesessenes Ledersofa, mit blassem und fleckigem Kalbsfell bezogen. Ein Formularschrank. Ein Bücherbord und einige Stühle von ungleicher Form und Größe – das war alles. Keine Gardinen vor den Fenstern.

Die Tür zu einem größeren Zimmer war angelehnt. Es hatte drei Fenster, zu einem verwilderten Garten gewendet, wo jetzt im Frühling gelbe Ranunkeln und liebliche kleine Leberblümchen aus einer Schicht vorjährigen ungeharkten Laubes hervorschauten. Eine Anrichte, ein runder Eßtisch, einige Stühle, ein altes Klavier mit geschlossenem Deckel. Ein einziges Bild über dem Klavier. Ein Ölgemälde, eine ungewöhnlich schöne Frau mit Korkzieherlocken und Krinoline, die man allerdings nur ahnte, darstellend.

Das nächste Zimmer war die Schlafstube.

Sie sah aus, als habe sie viele Jahre unberührt gestanden. Spinngewebe hingen von der Decke, die aus Holz und schön bemalt war. Aber unter dem dicken Staub, der überall lag, ahnte man den verblichenen Glanz echter Möbel. Ein Doppelbett unter einem Baldachin mit Posamenten und Troddeln, schöne vergoldete Stühle mit rotem Seidenpolster, eine zierliche kleine Kommode mit einem ovalen Spiegel in vergoldetem Rahmen darüber. Hier hatte eine Frau gewohnt, die Schönheit und Luxus liebte.

In der Küche herrschte die entsetzlichste Unordnung. Offenbar wohnte hier der Pfarrer. Auf einer harten Holzbank am einen Fenster lag ein abgenutztes Fellpolster und einige Wolldecken. Ein Kissen aus gelbem, verschlissenem Kalbsleder war sein „Schädelplatz". Auf dem Herd Kochtöpfe. Im Spültisch gebrauchtes Geschirr. Der Bischof hatte ganz recht, daß es hier einer weiblichen Hand bedurfte.

Auf die Zeitungsanzeige kamen mehrere Antworten, aber keine annehmbare. Einige waren ebenso scherzhaft wie anonym. Die Anzeige war ja auch köstlich formuliert: Suche Magd oder eine andere geeignete Frauensperson, die mein Pfarrhaus in Ordnung halten kann. Alexius Wegeman.

Wegeman las die vielen Antworten und warf sie mehr oder weniger energisch in den Papierkorb und ging jedesmal mit einem Seufzer der Erleichterung daran, sein Nachtlager auf der Küchenbank zu bereiten oder seine Kartoffeln in einem ungespülten Kochtopf zu kochen.

So verging noch ein Monat, und der Sommer stand vor der Tür. Als Wegeman eines Morgens auf seine Veranda trat, groß und stattlich in seinem schwarzen Pfarrerrock, bereit, sich auf eine seiner üblichen Wanderungen ins Kirchspiel zu begeben, um Einsame oder Kranke zu besuchen, sah er, daß die Birken auszuschlagen begannen. Wie zarte Brautschleier leuchteten sie in der Sonne. Buchfinken schlugen. Lerchen trillerten. Stare pickten im Grase. Aber wie sah es hier aus! Der Pfarrer empfand einen Augenblick eine seltsame Lust, wieder hineinzugehen, den Pfarrerrock abzulegen, eine Harke zu nehmen und auf dem Hofplatze sauberzumachen. Aber vom Hofplatz wanderte sein Blick zum Park und vom Park zum Küchengarten. Sein Mut sank angesichts der Aufgabe. Es würde den ganzen Tag, viele Tage in Anspruch nehmen. Und wenn man es alles einmal fein gemacht hatte, mußte man es ja instand halten. Und was sollte dann aus seiner Arbeit werden!

Mit einem Seufzer nahm er seine kleine Tasche auf, die er hingesetzt hatte, die Tasche mit den Büchern und Abendmahlsgeräten. Am Zauntor wandte er sich um und sah zum Pfarrhaus hinauf. Da lag es in seiner alten samtdunklen Farbe mit den weißen Pfosten und den kleinen viereckigen Fenstern, es schien ihn anzulächeln, zurückzuwinken.

„Einmal", murmelte Wegeman, „einmal war es doch ein Heim, mein Heim und das ihre …"

Er streichelte leise den Zaun, ohne zu wissen, daß er es tat. Dann drehte er sich entschlossen um und schritt die Allee zur großen Landstraße hinunter.

Der letzte Glockenschlag des Vesperläutens war gerade verhallt, als der Pfarrer die Allee wieder hinaufwanderte. Er ging mit müden Schritten. Der Tag war heiß gewesen und der Weg weit, doch er hatte das gute Gewissen eines fleißigen Arbeiters, der seinen Tag gut gebraucht hatte. Die alte Mutter Ane lag im Sterben, als er kam, aber er hatte ihr noch das Sakrament reichen können. Wenn er nun zu Hause geblieben wäre und Laub geharkt hätte …

Plötzlich blieb der Pfarrer stehen. Tiefe Radspuren hatten sich in den aufgeweichten Boden eingegraben. Ein Wagen war gekommen und wieder zurückgefahren. Eine eilige Gemeindebotschaft vielleicht, wenn man mitten bei der Frühjahrsarbeit ein Pferd zur Verfügung gestellt hatte?

Noch erstaunter war der Pfarrer, als er auf den Hofplatz kam. Da stand ein alter Webstuhl und eine eisenbeschlagene Truhe, bemalt und mit einer Jahreszahl aus dem siebzehnten Jahrhundert.

Aber was war das? Aus dem Innern des Hauses hörte man kräftiges Schrubben einer Scheuerbürste. Ein Wassereimer wurde ständig über den Fußboden geschoben.

Der Pfarrer pflegte seine Tür nie abzuschließen, weder tags noch nachts. Jeder sollte jederzeit kommen können. Er hatte keine Angst, weder um sein Leben noch um seine Besitztümer.

Heute spürte Wegeman ein heimliches Beben, als er die Tür aufschob, die angelehnt stand. Es war ihm, als ginge er seinem eigenen Schicksal entgegen. Der Flur war reingescheuert und ein Mattenrest über den Fußboden zum großen Saal gelegt. Die Tür stand offen. Er trat mehr schleichend als gehend ein. Der Fußboden war fast fertig gescheuert. In einer Ecke, der Schlafstube zu, lag jemand auf den Knien, das krause Haar mit einem bunten Taschentuch umbunden, die Blusenärmel über ein paar kräftigen Armen aufgekrempelt, die aus Leibeskräften rieben und scheuerten.

Die Scheuerfrau sah ihn nicht, und er schlich wieder hinaus. Ging in sein Arbeitszimmer. Gescheuert, sauber, die Fenster weit geöffnet.

Er ging in die Küche, auch hier gescheuert, aufgeräumt, sauber. Auch hier die Fenster weit geöffnet. Seine Schlafbank auch von außen und innen gescheuert, sein Bettzeug war nicht zu sehen. Die Tür zur Schlafstube war geschlossen. Er wagte es nicht, sie zu öffnen. Niemand hatte das Zimmer anrühren dürfen. Niemand war seit fünfzehn Jahren darin gewesen, nur er selber.

Plötzlich kochte etwas auf dem Herde über. Er eilte hin, aber sie kam ihm zuvor. Jetzt sah er sie.

Sein erster Gedanke war: Nie habe ich etwas so Grobes gesehen … Aber im nächsten Augenblick dachte er: Sie ist nicht grob, sie ist kräftig. Ja, kräftig war das richtige Wort.

Da stand sie in ausgewachsenen, aber ordentlichen Kleidern, trocknete ihre Hände an der Sackschürze ab, nachdem sie den Kaffeekessel beiseite geschoben hatte.

„Guten Tag", grüßte sie.

„Guten Tag", antwortete der Pfarrer. Mehr sagte er nicht.

„Ich dachte …", sagte sie.

„Ja, man muß wohl zuweilen denken", meinte der Pfarrer.

„Ich dachte, daß ich hier Magd werden könnte", sagte sie. „Ich bin heute morgen früh gekommen, aber es war keiner zu Hause. Johan hat mich hergefahren, und ich habe meinen Webstuhl und meine Truhe mitgebracht. Aber wir haben sie nicht hinein getragen, weil keiner zu Hause war, und ich wußte ja nicht, ob ich bleiben sollte. Aber Johan hatte keine Zeit zu warten, und als niemand kam, fand ich, daß ich doch etwas aufräumen könnte. Aber wenn ich bleiben soll, hilft mir vielleicht der Pfarrer, Webstuhl und Truhe hineinzutragen. Vielleicht kann ich sie auf den Boden stellen?"

Der Pfarrer stand eine ganze Weile stumm da, ehe er ein Wort hervorbringen konnte. Er starrte sie nur an, und sie starrte ihn an. Plötzlich mußte er daran denken, daß seine Amtsbrüder von ihm sagten, er habe keinen Humor. Er war froh, daß ihn jetzt keiner sah. Eigentlich fühlte er sich tief unglücklich. Aber zugleich stieg etwas in ihm auf. Eine unbändige Lust zu lachen. Zu lachen über die groteske Erscheinung in Sackschürze und buntem Taschentuch, die von ihm, dem Pfarrer Alexius Wegeman verlangte, einen Webstuhl und eine alte Truhe auf den Boden zu tragen und nachts unter dem gleichen Dach zu schlafen. Mit einem Frauenzimmer, von dem er noch nicht einmal wußte, wie sie hieß.

An diesem letzten Gedanken blieb er haften.

„Wie heißt du?"

„Anna. Anna Sauber."

Die Lachlust überfiel ihn wieder. Wenn Nygrén das gehört hätte. Sein übermütiger Amtsbruder Hadar Nygrén. Anna Sauber!

Diesmal gelang es dem Pfarrer nicht, seine Lachlust zu beherrschen. Es begann in seinen Mundwinkeln zu zucken.

„So, du heißt Anna Sauber?" Er konnte sein Lachen nicht unterdrücken. Er war auf sich selber böse.

Das Mädchen sah ihn erstaunt an.

„Ja, ich heiße Anna Sauber. Ist das etwa zum Lachen?"

Wegeman erschrak. Das Mädchen sah aus, als wolle es zu weinen beginnen. Und Frauenzimmer, die weinten, waren das Schlimmste, was er sich denken konnte. Er wurde plötzlich ganz ernst.

„Liebes Kind", sagte er, „das ist freilich nichts zum Lachen. Ich lachte auch nicht über deinen Namen" – das Gewissen sagte ihm, da hast du doch etwas gelogen, Wegeman –, „ich finde es alles nur so lustig. Hier komme ich in meine alte staubige Wohnung zurück und finde ein junges Mädchen vor, das den ganzen Tag gescheuert hat …"

„Ich bin nicht so jung, ich bin bald dreißig Jahre alt …"

„Und ich bin bald fünfzig …"

„Und ich habe meine Mutter im vorigen Monat verloren …"

„Und ich habe meine Frau vor fünfzehn Jahren verloren …"

„Und ich weiß nicht, wohin ich gehen soll, und da hörte ich neulich von der Anzeige …"

„Und ich weiß auch nicht, wohin ich gehen soll, wenn du dich in meiner Küche niedergelassen hast und mein Bettzeug fortgetragen."

Der Dialog wäre noch weitergegangen, wenn nicht Anna Sauber bei Wegemans letzten Worten die Schlafstubentür geöffnet hätte. Der Pfarrer trat einen Schritt vor, um sie zu hindern, blieb aber stehen.

„Hast du …"

„Ja, ich habe hier drinnen angefangen, da war es am schlimmsten. Meine Mutter sagte immer, man müsse mit dem Schlimmsten anfangen."

Der Pfarrer ging in die Schlafstube.

Auch hier standen die Fenster offen. Die Sonne fiel durch das Westfenster. Die alten schönen Gardinen waren gewaschen und geplättet. Nirgends war ein Staubkorn zu sehen, alles war gewaschen und gescheuert. Kein Spinngewebe in den Ecken. Der Spiegel glänzend klar. Das Bett mit dem Laken bezogen, das seit ihrem Tode wohlverwahrt im Schranke gelegen hatte …

Am Fenster, wo seine Frau oft mit ihrer Handarbeit gesessen hatte, stand ein Tisch mit einem Kaffeetablett gedeckt. Anna Sauber kam in diesem Augenblick mit der Kaffeekanne herein.

„Darf ich Ihnen vielleicht Kaffee anbieten, ehe ich gehe?"

„Willst du gehen?"

„Ja, ich scheine doch nicht bleiben zu dürfen."

„Freilich sollst du bleiben."

„Darf ich?"

„Ich werde dir helfen, den Webstuhl und die Truhe hinauftragen. Du kannst sie gern in die Bodenkammer stellen. Dort kannst du vorläufig wohnen. Aber nimm dir auch eine Tasse und setze dich hierher und trinke Kaffee, dann kannst du mir etwas mehr von dir erzählen."

„Nein, das gehört sich nicht für mich, in diesem feinen Zimmer zu sitzen."

„Wie du willst!"

Anna schenkte ihm Kaffee ein, ging in die Küche hinaus und schloß die Tür.

Wegeman trank seinen Kaffee. Er hörte, wie sie wieder im

Eßsaal zu scheuern begann. Er mußte sich seine zweite Tasse selber einschenken.

Es war spät am Abend, als Anna an die Tür zu seinem Arbeitszimmer klopfte, wo er saß und schrieb. „Das Essen ist fertig", sagte sie, indem sie den Kopf durch die Tür steckte.

Er ging in die Küche hinaus.

„Ich habe im Eßsaal gedeckt", sagte Anna.

Wegeman ging in den Eßsaal.

Auf dem runden Tisch lag ein weißes Tuch. Eine Vase mit jungem Birkengrün stand auf dem Tisch. Eine Kerze in einem Halter. Frisch gekochte Kartoffeln und Salzheringe, grobes Hartbrot, Butter und eine Kanne Milch, die sie soeben vom Pächter geholt hatte.

Der Pfarrer sprach leise sein Tischgebet. Setzte sich, stand aber wieder auf und ging in die Küche hinaus. Anna stand am Spültisch und wusch das Geschirr ab.

„Komm herein und iß mit mir, Anna", sagte er fast streng. „Meistens esse ich allein, aber heute Abend bist du mein Gast, Anna. So, komm jetzt!"

Anna drehte sich um.

„Befiehlt es der Herr Pfarrer?"

„Ja, es ist Befehl."

„Kann der Pfarrer einen Augenblick warten?"

Anna trocknete sich die Hände und lief in die Bodenkammer. Sie hatten ihre Sachen hinaufgetragen, solang es noch hell war.

Wegeman hörte sie dort oben kramen, während er mit den Händen auf dem Rücken um den Tisch im Eßzimmer ging.

Nach einer Weile hörte er die Treppe knarren.

Sie hatte wohl ihr bestes Kleid angezogen. Es war kein besonders schönes Kleid. Aber es war sauber und nett, und Anna trug es mit angeborener Würde. Sie brachte Teller, Messer und Gabel mit und setzte sich dem Pfarrer gegenüber hinter die Blumenvase.

„Du hast dein Tischgebet vergessen, Anna."

Anna stand auf. Ihre Wangen waren etwas gerötet. Sie faltete die Hände und betete:

„Segne unser Heim, segne unseren Tisch, segne unsere ganze arme Erde."

Sie knickste und setzte sich. Tränen traten ihr in die Augen. Aber der Pfarrer sah es nicht. Sie aßen schweigend. Dann sprach der Pfarrer selber das Dankgebet.

„Wir pflegen ein Wort Gottes zu lesen, ehe wir hier im Hause zur Ruhe gehen", sagte er, „aber vorher möchte ich einiges über dich wissen, Anna.

Woher kommst du? Du bist nicht aus meinem Kirchspiel und auch nicht aus der Kapellengemeinde."

„Meine Mutter war aus Väringe und mein Vater aus Vibo, aber mein Vater ist auf See umgekommen, und Mutter zog auf den Håkeberga Hof, dort war sie Viehmagd bis zu ihrem Tode. Ich habe dort in der Küche geholfen."

„So, du bist auf dem Herrenhofe aufgewachsen?" fragte der Pfarrer. „Du weißt nicht, daß meine Frau aus Håkeberga stammte?"

„Ist sie das?" fragte Anna und erhob ihre Augen zu dem Bild überm Klavier.

Der Pfarrer nickte.

„Ja, sie ist der gnädigen Frau ähnlich", sagte Anna, „ich erinnere mich an sie aus meiner Kindheit."

„Sie konnten mir nie verzeihen, daß ich sie ihnen fortgenommen hatte", sagte der Pfarrer, „und dann ist sie gestorben, und ich habe nie jemand von ihnen wiedergesehen."

Anna schwieg. Und Wegeman war fast erschrocken. Was fiel ihm ein? Saß er hier nicht und beichtete einem Mädchen, dessen Mutter Viehmagd bei den Eltern seiner Frau gewesen war?

Aber er hatte so lange keinen Menschen gehabt, mit dem er reden konnte.

„Nun, und wer ist Johan?"

„Er ist Knecht auf Håkeberga."

„Ist er – entschuldige die Frage – dein Bräutigam?"

„Bewahre, ich habe keinen Bräutigam. Wo ich so aussehe." Anna streckte ihre Hände dem Pfarrer hin.

„Die Hände sind nicht zu verachten", sagte der Pfarrer. „Über die könnte Johan sich freuen. Das sind Hände einer ehrlichen Frau."

„Bewahre, die Burschen wollen heutzutage feine Mädchen haben."

„Johan auch?"

„Doch. Aber soll ich jetzt nicht abdecken?"

„Wir wollen erst unsere Abendandacht halten. Morgen können wir weiter miteinander reden."

Anna hatte sich die Bodenkammer zurechtgemacht, den Webstuhl ans Fenster und die alte Truhe in die Ecke am Kachelofen gestellt. Sie hatte sich kaum ausgezogen, als sie auch schon ins Bett fiel und einschlief.

Wegeman nahm die Kerze vom Eßtisch und ging in die Schlafstube. Die geschweiften Stuhlbeine und der Spiegelrahmen glänzten golden. Er zog sich aus und kroch ins Bett. Ein Fenster stand offen, und alle Düfte des Frühlings strömten herein. Die Mücken waren noch nicht gekommen. Der Mond ging auf und schien durchs Südfenster. Wegeman konnte unmöglich einschlafen. In diesem Bett hatte er nicht gelegen, seit Marie neben ihm geschlafen hatte. Die Erinnerungen überfielen ihn, liebliche und bittere Erinnerungen. Das kurze Sommermärchen der Liebe und die vielen einsamen schweren Jahre. Er hatte vergessen, daß ein Bett so weich und warm sein konnte. Er wälzte sich hin und her. Bilder traten vor seine Seele, die er vergessen hatte. Gefühle erwachten, die er für immer begraben zu haben glaubte. Er hatte viele Jahre wie ein Mönch gelebt und wollte es auch weiter tun.

Jetzt schlief zum ersten Male seit langer Zeit eine Frau in seinem Hause. Und was für ein Mädchen! Wenn er an sie dachte, stieg diese seltsame Lachlust wieder in ihm auf. Plötzlich lachte er laut. Er schämte sich über sich selbst. Was war mit ihm los? Ihm wurde abwechselnd warm und kalt, er schwitzte in der guten Bettwärme. Nanu, hatte er Anfechtungen? Er, der alte gesetzte Witwer Alexius Wegeman, Praepositus und Gemeindepfarrer in Väringe und Vibo, der zum Spaß seiner Amtsbrüder in seiner Anzeige eine Magd oder eine andere geeignete Frauensperson gesucht hatte! Wie mochten sie über die Anzeige in Håkeberga gelacht haben. Nun, sollten sie ruhig lachen. Er war weit entfernt von allen Sorgen darüber, was die Leute über ihn redeten.

Wenn er nur schlafen könnte! Die Stunden vergingen. Der Mond stieg immer höher. Die Turmuhr schlug zwölf, eins und zwei. Als sie drei schlug, begann es hell zu werden. Es war ganz hell, als der Pfarrer aufstand und in die Küche ging. Er nahm ein Kissen und eine Decke mit. Das Polster und das Lederkissen lagen auf ihrem Platz auf der alten Bank. Der Pfarrer trug das weiche Kissen zurück, legte seinen Kopf auf das verschlissene Kalbfellkissen, hüllte sich in die Decke und schlief ein.

Es war fünf Uhr, als Anna in die Küche herunterkam. Sie machte Feuer im Herd und setzte Kaffee auf. Sie wartete bis sechs Uhr, ehe sie ihn weckte.

„So, der Pfarrer liegt hier noch müßig", sagte sie, als Wegeman erschrocken die Augen aufriß. Es wurde ihm erst schwer, sich an alles zu erinnern. Aber es stand eine duftende Tasse Kaffee auf einem Stuhl neben seinem Lager, und dort lagen einige grobe Zwiebäcke, die sicherlich in einem Backofen auf dem Håkeberghof gebacken waren.

Anna war hinausgegangen. Wegeman hörte sie Laub auf dem Hofplatz harken.

Wochen vergingen. Monate. Jahre.

Die Geschichten von der Magd des Pfarrers verbreiteten sich über Väringe und Vibo und die Nachbarkirchspiele. Und je weiter sie sich verbreiteten, desto besser wurden sie. Sie kamen bis nach Håkeberga. Sie kamen bis zum Bischofshof. Und dort wurden sie am allerbesten.

„Ja, so geht es im Pfarrhof Väringe beim Mönch Wegeman zu! Morgens kommt die Magd herein, setzt sich auf den Bettrand unter den Baldachin und bringt den Kaffee und sagt: So, du liegst hier noch so faul?"

„Und als der Bischof zuletzt zu Besuch da war und wieder abfahren wollte, sagte er zu der Magd des Pfarrers: Bring diese Taschen an meinen Wagen! Aber die Magd antwortete: Das kannst du selbst tun, ich habe andere Arbeit."

Die Wahrheit ist immer schöner als alle lustigen Geschichten.

Und die Wahrheit war, daß Anna Sauber ein gutes Werk auf dem Pfarrhof von Väringe tat. Sie war kräftig, und sie war ehrlich. Sie war arbeitsam, und sie wußte, welchen Platz sie einnahm. Das wissen nicht alle. Sie konnte zuweilen etwas herrisch sein. Und wenn sie nicht alles so bestimmen konnte, wie sie für nötig hielt, wandte sie eine gutgemeinte Frauenlist an. Sie merkte bald, daß ihr Pfarrer finanziell schlecht gestellt war. Trotz seiner vermeintlichen Sparsamkeit und seiner spartanischen Lebensweise kam er nie aus, weil er über alle Maßen und ohne jeglichen Unterschied freigebig war.

Anna Sauber entdeckte bald, daß die Leute die Gutgläubigkeit ihres Pfarrers ausnutzten. Daß das Geld, das man mit kläglicher Miene von ihm erbettelte, zu Vergnügungen oder Schnaps verwandt wurde. Es geschah zuweilen, daß Anna Leute auf dem Wege traf, die kamen, um zu betteln, und wenn sie wußte, daß sie falsche Anliegen hatten, jagte sie sie ganz einfach fort. Die Leute hatten nicht nur Respekt vor ihr, sondern geradezu Angst. Es kam auch so, daß selbst Wegeman immer mehr Respekt vor ihr hatte. Manchmal versuchte er, im geheimen zu helfen, wenn sie ihm abriet oder seine Hilfsbereitschaft verhinderte.

Aber Anna kam immer dahinter und scheute sich nicht davor, ihre Meinung zu sagen. Eines Tages drohte sie ihm entschieden, zu kündigen, wenn er nicht etwas mehr an sich selbst und sein Haus dächte statt an die Leute, die seine Gutgläubigkeit nur mißbrauchten.

Wegeman war ganz erschrocken, als er die Drohung hörte. Er hatte sich so daran gewöhnt, Anna im Hause zu haben, daß er sich nicht mehr denken konnte, ohne ihre Hilfe auszukommen.

Anna entwickelte sich auch geistig. Sie hatte einen klaren Verstand und ein gutes Herz. Und das tägliche Zusammensein mit einem so feinen und gebildeten Menschen wie Wegeman gab ihr das Gepräge. Der Pfarrhof, der von allem Verkehr abgeschlossen gewesen war, hatte bald eine offene Tür für Gemeindemitglieder, für Pfarrer und Gäste von allen Seiten. Anna bewirtete sie mit einer stillen scheuen Würde, die aller Sympathie gewann.

„Was für einen Schatz hast du in ihr", sagte der Spötter Hadar Nygrén, als er einmal bei Wegeman zu Gast war. „Das Seltsame ist, daß sie dir etwas von ihrem Humor abgegeben hat."

„Hat sie Humor?" fragte Wegeman.

„Bruder, wo hast du deinen Verstand? Sie hat nicht nur Humor, sie ist Humor. Der große Humor! Man braucht sie nur anzusehen, dann muß man lachen."

„Ja", bekannte Wegeman, „ich habe tatsächlich gelacht, als ich sie das erste Mal sah."

„Siehst du wohl", sagte Nygrén.

Von dem Tage an sah Wegeman Anna mehr an als zuvor.

Manchmal fand er fast, daß sie hübsch aussähe. Und eines Tages – nein, es war eines Nachts – kam er zum ersten Male selbst auf den Gedanken, wie es wohl wäre, wenn er Anna, die er nicht entbehren konnte, bäte, seine Frau zu werden. Freilich –

ihm wurde heiß und kalt, wenn er daran dachte, was sie in Håke-berga darüber sagen würden. Zuerst mit der Gutsbesitzertochter verheiratet und dann mit der Küchenmagd! Welch ein Skandal! Aber er dachte an die Worte, die Bernhard Shaw auf seine Herd-kappe gemalt hatte: Sie reden … Laß sie reden!

Eines Abends, es jährte sich wieder einmal der Tag, an dem Anna zum ersten Male auf den Pfarrhof gekommen war, bat Wegeman Anna, sie möchte für einen Besuch decken, der zum Abendessen kommen würde. „Mach dich fein", sagte er.

Anna machte den Eßtisch und sich selbst so gut in Ordnung, wie sie nur konnte.

Aber der Besuch ließ auf sich warten.

Der Pfarrer wartete im Eßzimmer und Anna in der Küche.

Schließlich ging der Pfarrer zu Anna in die Küche hinaus.

„Unser Gast kommt wohl nicht", sagte er. „Setz dich selber zu mir, dann wollen wir essen."

Anna gehorchte zögernd. Es stand wieder ein Strauß auf dem Tisch. Jetzt leuchtete er von allen Frühlingsblumen des Gartens.

„Ich habe heute abend vergeblich gewartet", sagte der Pfarrer, nachdem er das Tischgebet gesprochen hatte.

„Ich auch", sagte Anna.

„Erwartest du jemand?"

„Kann sein", erwiderte Anna.

Der Pfarrer sah Anna an. Sie schien seltsam aufgeregt zu sein. Wegeman war selber aufgeregt.

„Anna!" sagte er.

„Ja?"

„Ja, ich wollte dich an etwas erinnern. Heute ist es fünf Jahre her, daß du hierher gekommen bist."

„Ich weiß", antwortete Anna leise. „Johan hat mich her-gefahren."

Der Pfarrer tat, als hörte er die letzten Worte nicht. Er sah nur hinter den leuchtenden Blumen ein Gesicht, das noch mehr leuchtete.

„Anna, hör mich an!" sagte Wegeman.

„Ich höre", sagte Anna.

Gleichzeitig erhob sie ihren Blick zu dem Bild, das über dem Klavier hing. Wegeman folgte unwillkürlich ihren Augen. Das Bild sah heute abend seltsam lebendig aus. In dem Licht des Kristallkronleuchters glitzerten alle Farben. Die schöne Haut auf dem Gesicht der jungen Frau strahlte, die Moiréeseide glänzte, die Perlen in Ohrringen und Haar leuchteten.

„Ich höre", sagte Anna und lauschte.

Der Pfarrer lauschte auch.

Man hörte Wagenräder auf dem Hofplatz.

Anna wurde abwechselnd rot und blaß.

Wegeman hatte ein ganz weißes Gesicht. Er sah plötzlich alt aus.

Anna stand auf, der Pfarrer auch. Sie sahen einander an.

Der Pfarrer mit einem seltsam hungrigen, hilflosen Blick, Anna mit Augen, in denen sie die Tränen nur mit Mühe zurückdrängte, wie eine Mutter ihren Sohn ansieht, wenn er seinen ersten Liebeskummer hat.

Aber dann verstummte das Rädergerassel, Schritte waren in der Vorlaube zu hören. Anna ging hin, um zu öffnen.

Es war Johan.

In dieser Nacht schlief Wegeman wieder auf der harten Holzbank in der Küche.

ELIAS HIMMELFAHRT

Der Pfarrer Emeritus Isak Wallander war auf dem Heimweg. Es war ihm noch immer etwas ungewohnt, die kleine Wohnung im vierten Stock des Mietshauses als sein Heim zu betrachten. Wenn man sein ganzes Leben lang in Pfarrhäusern auf dem Lande gelebt hat, war das nur ein Provisorium, eine Art Rastplatz, bis man wieder zu einem Ort aufbrechen würde, in dem man sich richtig wohl fühlen konnte.

Zwar beklagte sich Isak Wallander nicht über sein Los. Er dankte Gott jeden Morgen, an dem er aufstehen, auf seinen Beinen gehen, sich an das alte Klavier setzen und seinen Morgenchoral spielen konnte. Irgendwie war er ja doch von seinem alten Heim umgeben, wenn auch in vermindertem Masse. Dort war der Schaukelstuhl, den er von seinem Vater ererbt hatte, und dort dessen Pfeifenbord. Die meisten Bücher besaß er auch noch. Und dort war das Bild seiner Frau über dem alten Herrenhofsofa, das sie mit in die Ehe gebracht hatte. Und dort die geschweifte Kommode mit der Marmorplatte, auf der alle Bilder der Kinder standen, auch die der lieben Enkelkinder. Jeden Morgen stand Wallander dort eine Weile und dachte an sie alle, sprach mit ihnen und faltete die Hände für die, die besonders einer Fürbitte bedurften.

Nein, er hatte sich über nichts zu beklagen. Das Schwerste für einen an ständige Arbeit gewöhnten Menschen war eigentlich, richtig zur Ruhe zu kommen. Früher hatte man sich wohl gelegentlich an einem Sonntagmorgen nach der Zeit gesehnt, da man nicht mehr gezwungen sein würde, am Sonntagmorgen zu predigen. Aber als die Zeit endlich kam, war es ganz anders. Jetzt schien einem erst richtig klar zu sein, wie man predigen sollte und was man den Menschen zu sagen hätte. Irgendwie erschienen einem die Menschen sehr viel wichtiger, wenn man alt geworden ist. Soviel Unwesentliches schien fortzufallen, und man sah die einfachen klaren Linien, das, was der Meister das Eine, was not war, nannte.

Wenn er eine Predigt hörte – und er hatte reiche Gelegenheit dazu, da er in Uppsala wohnte – dann horchte er immer auf einen Ton, der aus dem Herzen kam und zu Herzen ging. Und wenn er den Menschen auf der Straße begegnete, schaute er sie oft forschend an. Die meisten sahen den alten Mann gar nicht, der langsam und ein bißchen feierlich, häufig die Hände auf dem Rücken verschränkt, die Straße entlang ging. Aber hin und wieder traf ein Paar Augen den Blick des Alten, und dann lächelte er immer, das schöne, freundliche Lächeln eines alten Mannes.

Isak Wallander hatte eine besondere Fähigkeit, den Weg zu Menschen zu finden, die der Hilfe bedurften. Er war einst in seiner Gemeindearbeit ein Seelsorger gewesen, wie es nur wenige gibt. Und wer Teilnahme für Menschen empfindet, braucht nicht viel Umwege zu machen, um in Häuser und Herzen hineinzufinden. Eine alte Frau, die sich mit einem schweren Korb abquälte, als sie am Samstagmorgen von ihren Markteinkäufen kam, fühlte plötzlich, wie der Korb sonderbar leicht wurde. Schließlich wog er gar nichts mehr. Und als sie sich erstaunt umblickte, sah sie einen alten Herrn, der mit seiner freien Hand den Hut lüftete.

„Ich werde Ihnen helfen, Mütterchen."

„Mütterchen … ich bin keine Mutter! Bin nie verheiratet gewesen!" Die Antwort war entwaffnend.

Aber der Pfarrer lachte: „Der Korb kann wohl trotzdem

schwer sein." Und nun lachte die alte Frau auch, und die Bekanntschaft war gemacht. Ehe man an ihre Türe kam – es war ein weiter Weg dahin – wußte er von allen körperlichen Schmerzen der Alten und auch ein gut Teil ihrer seelischen Kümmernisse. Und einige Tage später saß er bei einer Tasse Kaffee in einer kleinen grauen Hütte und erhellte das Dasein eines einsamen Menschen und genoß selbst den Trost menschlicher Gemeinschaft in seiner eigenen Einsamkeit.

Es dauerte nicht lange, bis sich Isak Wallanders Ruhetage auf diese Weise in recht strebsame Arbeitstage verwandelten. Er selbst bezeichnete das allerdings nicht als Arbeit. Als einer seiner Amtsbrüder ihn besorgt daran erinnerte, daß sein empfindliches Herz der Ruhe bedürfe, meinte er: „Nein, mit Arbeiten habe ich aufgehört. Das tue ich nur zu meinem Vergnügen."

„Nun ja", sagte der bekümmerte Amtsbruder, „man kann sich auch mit Vergnügen überanstrengen!"

Und der alte Emeritus mußte eines Tages daran denken, ob sein Freund nicht recht hatte. Eines Morgens, als er froh und dankbar aufgestanden war, überfiel ihn plötzlich eine seltsame Müdigkeit. Er mußte sich in den Schaukelstuhl setzen. Als er sich über die Stirn strich, war sie ganz feucht.

Ach, dachte er, es ist hier drinnen nur nicht recht gelüftet. Das Fenster auf! Es war auf einmal ein weiter Weg bis zum Fenster. Aber er gelangte hin und vermochte es zu öffnen. Die ganze Herrlichkeit des Herbstmorgens strömte ihm entgegen. Im Osten leuchtete das Morgenrot über dem Kirchturm von Vaksale, der Boden war mit einem leichten Schimmer von Rauhreif bedeckt, und die letzten Blätter der Ahornbäume sanken langsam hernieder. Wallander spürte, wie seine Müdigkeit verschwand, wie seine Kräfte und sein Lebensmut wiederkehrten. Aber er faltete nachdenklich seine Hände. Es ist jedenfalls eine Mahnung, dachte er.

Gerade an diesem Tage hatte er versprochen, eine Familie in

Peterslund zu besuchen. Eines Tages hatte er auf der Straße eine tränenüberströmte, tief bekümmerte Frau getroffen. Impulsiv, wie er war, hatte er sie gleich angesprochen und sie nach Hause begleitet. Ihr Mann, ein Arbeiter, der noch keine fünfzig Jahre alt war, lag hoffnungslos krank an Magenkrebs darnieder. In dieser Familie war Isak Wallander ein guter Freund geworden, der oft auf Besuch kam. Jetzt ging es mit Lundgren zu Ende. Vielleicht war heute sein letzter Tag.

Plötzlich griff sich der Pfarrer ans Herz. Wahrlich, er hatte plötzlich das Gefühl, als ob dieser Tag auch sein letzter werden sollte. Er sank in einen Stuhl und faltete die Hände: „Du mußt mir diesen Tag noch schenken", sagte er laut, „nur diesen Tag, damit ich meinen kranken Freund besuchen kann."

In dem Augenblick klingelte es an der Tür. Mit Mühe ging Wallander die wenigen Schritte. Es war die freundliche Nachbarsfrau, die im Stockwerk unter ihm wohnte und ihm jetzt sein Frühstück brachte. Sie redete wie ein Wasserfall, während sie den kleinen Tisch am Fenster deckte.

„Aber bester Herr Pfarrer, Sie wollen wohl erfrieren!" Sie wandte sich bestürzt um, nachdem sie das Fenster geschlossen hatte. „Wie steht's denn? Geht es Ihnen heute nicht gut, Herr Pfarrer? Sie sehen ja ganz grün aus."

„Es geht wohl gleich vorüber, liebe Frau Nyberg, wenn ich nur etwas esse."

„Soll ich nicht den Doktor anrufen? Oder die Gemeindeschwester?"

Er versuchte zu lachen: „Weil ein alter Greis von Pfarrer etwas Herzbeschwerden hat? O nein! Es ist am besten, ich werde selbst damit fertig. Ich bin ja daran gewöhnt."

Frau Nyberg ging bedrückt hinaus. Der größte Teil des Frühstücks war noch übriggeblieben, als sie wieder hereinkam. Nur die Kaffeekanne war leer.

Frau Nyberg klagte: „Ja, ja, Pfarrer und Kaffee! Die Leute verderben ihre Pfarrer mit all dem Kaffee, den sie bei ihnen trinken müssen!"

Isak Wallander war auf dem Rückweg von seinem Besuch beim Drechsler Lundgren. Der Besuch hatte länger gedauert, als er gedacht hatte. Er blieb nicht nur, bis das Ende kam. Er mußte sich auch der Frau und der Kinder annehmen, die sich weinend um das Sterbelager versammelt hatten. Und obwohl er sich ungern in die Amtshandlungen der Stadtpfarrer mischte, hatte er versprochen, die Beerdigung zu halten.

„Wenn ich so lange lebe", hatte er mit einem seltsamen Blick gesagt. Aber niemand sah den Blick. Es sah auch keiner, wie weiß die Stirn des alten Pfarrers war und wie er immer wieder die Schweißtropfen abwischen mußte.

Er benutzte nur ungern den Fahrstuhl. Es sei gesund, Treppen zu steigen, hatte er gehört. Nicht laufen, sondern langsam steigen. Wie merkwürdig ein Fahrstuhl auch war, so war eine Treppe mindestens ebenso merkwürdig. Leitern und Treppen waren mit seinen Kindheitserinnerungen verknüpft. Der größte Kummer seiner Kindheit war, daß er nicht Seemann werden konnte. Sein Vater war damals Pfarrer in einer Hafenstadt gewesen, und da hielt sich der kleine Isak fast ständig am Hafen auf. Er war mit jedem Seemann gut Freund und war auf jedem Schiff zu Hause, ebenso zu Hause in der Takelage wie im Maschinenraum. Einmal wäre seine Mutter fast ohnmächtig geworden, als sie ihren Isak entdeckte, wie er rittlings auf einem Papierballen saß, der mit dem Kran seine Himmelfahrt vom Kai in den Laderaum eines Englandfahrers machte.

Als Schuljunge beschäftigte Isak sich im geheimen mit dem Studium der Nautik und Navigation. Er hatte sich schon einen Prospekt der Navigationsschule in Gävle beschafft, als er eines Tages zum Augenarzt gehen und Brillengläser ausprobieren mußte. Damit war die Seemannslaufbahn für ihn verschlossen. Ein Seemann darf nicht kurzsichtig sein. Isak konnte nie begreifen, warum die Mutter sich so freute, daß er eine Brille tragen mußte. Aber wie hätte er verstehen können, daß sich jemand vor der See ängstigte!

Heute benutzte er jedoch den Fahrstuhl.

Er freute sich, daß es dort eine Bank gab, auf der er sitzen konnte. Als der Fahrstuhl nach oben fuhr, hatte er jenes wunderbare Gefühl, das man hat, wenn man auf der Spitze eines Mastes schaukelt. Ihm kam ein seltsamer Gedanke, als er am ersten Stockwerk vorüberfuhr. Wenn man doch mit einem solchen Fahrstuhl bis in den Himmel hinauffahren könnte! Er lächelte bei dem Gedanken, während er dort auf der Bank saß und die Stockwerke zählte. Jetzt stand eine Zwei auf der Tür, an der er vorüberfuhr. Jetzt die Drei, die Vier und die Fünf. Nanu! Hielt der Fahrstuhl denn nicht? Jetzt müßte er ja auf den Dachboden kommen! Aber es kam kein Dachboden. Nur wieder eine Nummer. Sechs, Sieben, Acht.

In schwindelnder Eile rasten die Stockwerknummern vorüber. Schließlich konnte Wallander sie nicht mehr zählen. Wie hoch war denn dieses Haus eigentlich? War er in ein verkehrtes Haus gelangt? Gab es amerikanische Wolkenkratzer in Uppsala, wo man in das vierzigste Stockwerk hinauffahren konnte?

Na, endlich blieb der Fahrstuhl stehen! Er wollte hinaus stürzen, konnte aber nur mit Mühe aufstehen, und als er endlich stand, war eine Dame in den Fahrstuhl gekommen, hatte die Tür geschlossen und auf den Knopf gedrückt. Und wieder sauste der Fahrstuhl in rasender Fahrt in die Höhe. Die Dame drehte sich um, und Wallander, der ein höflicher alter Herr war, bot ihr den Sitzplatz an.

„Nein, sieh da!" sagte die Dame und reichte ihm die Hand. „Ist das nicht Isak?"

„Ja, freilich", stammelte Wallander, „aber mit wem habe ich die Ehre …"

Die Dame lachte.

„Aber Isak, erkennst du denn deine alte Lehrerin nicht?"

Er faßte sich an den Kopf. Sah er recht? Das war ja Fräulein Kruse, seine erste Lehrerin.

Er stotterte verwirrt: „Ich glaubte, ich dachte …"

„Ja, du dachtest immer so viel, kleiner Isak. Manchmal viel zu viel. Aber ich freue mich, dich hier zu treffen. Setz dich nur hin, dann können wir uns unterhalten. Wir haben noch viel Zeit." Und in dem Augenblick entdeckte er, daß zwei Stühle im Fahrstuhl standen. Vorher hatte er nur einen gesehen.

Sie setzten sich hin und begannen von Schulerinnerungen zu reden. Es war Wallander, als ob er alles wieder vor sich sähe. Er sah die erste Schulklasse im ersten Schulzimmer seiner Kindheit. Da kamen alle herein und setzten sich in ihre kleinen Bänke. Ulla und Karin und Herbert und Gunne, allesamt. Er sah Ullas rote Korallenhalskette und Karins schottisches Kleid und Gunners gelbe Haartolle und Herberts Sommersprossen.

Und Fräulein Kruse erzählte von Elias Himmelfahrt, die Kinder hörten schweigend zu. Aber er selbst reckte plötzlich die Hand in die Höhe und winkte. Er konnte sich selbst sehen, wie er damals aussah, das Bild stand ja auf Mutters Kommode zu Hause. Es war gerade als die Lehrerin erzählte, daß sich jener Wagen mit den feurigen Rossen vom Boden hob.

Die Lehrerin wollte gewiß nicht gern unterbrochen werden, und die Kinder waren gespannt, die Fortsetzung zu hören. Aber Isak war so darauf erpicht, das zu sagen, was ihm gerade eingefallen war.

„Nun, kleiner Isak, was wolltest du sagen?"

„Ja, Fräulein, Fräulein!" Die Worte drängten sich aus seinem kleinen Munde. „Wenn ich nur damals dabeigewesen wäre, dann wäre ich hinten auf den Wagen gesprungen und hätte sehen können, wie es im Himmel aussieht!"

Nun lachten sie, der alte Wallander und seine Lehrerin, die noch ebenso jung war wie damals.

Wiederum hielt der Fahrstuhl an.

Er erinnerte sich daran, daß er irgendwo in diesem wunderlichen Hause, das so schwindelerregend hoch war, aussteigen mußte. Aber ein Herr und eine Dame kamen durch die Tür herein. Ehe er noch aussteigen konnte, hatten sie schon die Tür hinter sich geschlossen und auf den Knopf gedrückt.

Kaum war ihm bewußt, daß ihn die beiden Menschen an seine verstorbenen Eltern erinnerten, als sie auch schon auf ihn zustürzten. Und plötzlich ruhte Isak Wallander in den Armen seiner Mutter.

Oh, diese liebevollen Arme! Isak Wallander lehnte seine Wange an die der Mutter und fühlte, wie ihm die Tränen kamen. Im nächsten Augenblick schloß ihn auch sein Vater in die Arme. Sein guter, starker Vater. Aufrecht und barsch wie ein Soldat, aber mit warmem Herzen.

Er wollte mit seinen Eltern sprechen, fand aber nicht die richtigen Worte, und in dem Augenblick verlangsamte der Fahrstuhl seine Fahrt. Die Mutter beugte sich vor und flüsterte ihm etwas zu, wie sie es einst zu tun pflegte, wenn sie ihm ein Geheimnis anvertrauen wollte.

„Weißt du, wer bei der nächsten Tür hereinkommt?"

Wallander lauschte auf die Antwort.

Und die Mutter flüsterte ihm ins Ohr:

„Ingrid!"

Er fühlte, wie sein Herz heftig zu klopfen begann.

Er würde seine Geliebte treffen. Blitzartig sah er ihr ganzes Leben vor sich: Die ersten glücklichen Stunden, da er sie auf dem Gartenweg in ihrem Elternhaus gesehen hatte und sie beide vom ersten Blick an wußten, daß sie zusammengehörten. Er sah sie achtern im Boot sitzen, als er sie an einem Sommerabend zwischen weißen Wasserrosen und rauschendem Schilf über den See ruderte. Er erinnerte sich an die Frühlingsfeste in Uppsala, als er ihr in der hellen Sommernacht ein Ständchen unter ihrem Fenster brachte. Er erinnerte sich an den ersten Pfarrhof, an die Abende, an denen sie in dem kleinen Garten arbeiteten. Dann die Weihnachtsfeste. Die Kinder, die Angst, wenn sie zur Welt kommen sollten, die Freude, wenn sie ihre ersten Schritte taten. Die vielen arbeitsreichen Jahre! Die Sorgen, die sie gemeinsam trugen. Die Kinder wuchsen heran. Sie flogen aus dem Nest. Ingrid und er blieben schließlich allein zurück. Sie wurden alt, doch ihr Glück wurde immer größer, bis sie scheiden mußten. Und dann die lange Einsamkeit.

Seine Mutter beugte sich noch einmal vor. Jetzt flüsterte sie das Wort nicht mehr, jetzt sagte sie es laut: „Ingrid!" Und er rief selbst: „Ingrid!" Wie man von einem Berge zum anderen ruft oder von einem Seeufer zum andern. Und er richtete seinen Blick nach oben.

Die niedrige Fahrstuhldecke hob sich in die Höhe, und der enge Fahrstuhl wurde zu einem goldenen Saal, der sich langsam, ganz langsam aufwärts hob, wie sich die Riggen eines Schiffes wieder aufrichten, wenn das Segel von einer harten Böe heruntergepreßt war.

Aber der gewaltige Fahrstuhl verlangsamte immer mehr seine Fahrt. Würde er nicht hinaufgelangen? Sie waren nicht mehr allein, Wallander, die Lehrerin und die Eltern. Eine gewaltige Schar war in dem goldenen Saal versammelt. Sie waren alle in Festgewändern. Wie ein Hochzeitszug, der auf das Kommen der Braut wartet. Wallander sah, daß sein Vater Orden auf seinem Lutherrock trug, den Vasaorden und den Nordstern und den schönen Orden Karls des XIII. Und die Mutter war so schön in ihrem perlgrauen Seidenkleid. Und seine junge Lehrerin trug ein strahlend weißes Gewand. Und er sah all seine Freunde aus seiner Jugendzeit. Aber er selbst trug nur den schwarzen, zerschlissenen Alltagsanzug, den er am Sterbelager des Drechslers Lundberg getragen hatte. Doch das war gleichgültig. Alles war gleichgültig, wenn nur der Fahrstuhl in das oberste Stockwerk gelangte, wo Ingrid auf ihn wartete. Immer langsamer stieg er in die Höhe, als vermöchte er die schwere Last der vielen Menschen nicht zu tragen. Und die Last seines eigenen Herzens. Denn sein Herz schien am schwersten von allem zu sein. Es lag ihm wie Blei in der Brust. Er vermochte kaum zu atmen. Ihm war, als sei die ganze Maschinerie, die den gewaltigen Fahrstuhl in die Höhe treiben sollte, sein eigenes Herz. Jetzt schien die Maschinerie ganz stehen zu bleiben.

Ja, jetzt hielt der Fahrstuhl wirklich, und er hörte jemand sagen: Wir sind angelangt. Und eine Tür wurde geöffnet, und die Menschen strömten hinaus. Es wurde ganz leer und still. Aber es lag wie ein Nebel über allem. Wallander glaubte in der Ferne Musik zu hören. Da spielte wohl die Hochzeitsmusik. Und er, der Musik so liebte, schloß die Augen. Da verstummte die Musik, und er schlug wieder die Augen auf. Doch er konnte sie nur seltsam schwer öffnen. Auch auf den Augenliedern lag die bleierne Last, die er vorhin auf dem Herzen gespürt hatte.

Schließlich gelang es ihm, die Augen zu öffnen.

Er sah durch einen Nebel. Er sah einen großen Saal, von vielen Lampen erleuchtet. Das war wohl der Hochzeitssaal. Und er sah Gestalten in Weiß, die gleichsam umherschwebten. Ja, das war wohl im Himmel. Der Fahrstuhl hatte ihn recht geführt. Und jetzt würde er Ingrid gleich treffen, seine Geliebte, seine Braut.

Ein Mann trat zu ihm. Was für ein edles Gesicht er hat, dachte Wallander. Auch er war weiß gekleidet. Er gehörte wohl auch zum Himmel.

Er richtete seine Augen auf den Mann, und dieser beugte sich zu ihm herab.

„Sind wir wirklich angelangt?" fragte er.

„Ja", antwortete eine Stimme, „gleich sind wir da."

Der Mann nahm Wallanders Hand und fühlte seinen Puls.

Er drehte sich um, und die weißgekleidete Schar junger Krankenschwestern näherte sich dem Bett, in dem Wallander lag.

„Zu Ende!" sagte der Doktor leise.

Als darauf die Schwestern ihre Augen auf das Antlitz des Toten richteten, dachte die eine oder andere: Er sieht eher so aus, als ob es begänne.

Der Reichtum der Armen

Es begann in einer Mittsommernacht, dieser seltsamen weißen Nacht, die uns Menschen verzaubert und mit der sinnbezwingenden Majestät der Natur in unser Schicksal eingreift.

Sie hatten zusammen getanzt. Oh, wie sie getanzt hatten! Und jetzt hatte er sie in seinem Auto fortgefahren, weit weg von der lärmenden Menschenschar auf dem Tanzplatz. Sie saßen hoch oben auf dem Skerberge, auf der Treppe eines Heuschobers. Unter ihnen lag das meilenweite Land mit Seen und niedrigen Bergen.

Sie atmete noch heftig nach dem Tanz, ihre Wangen glühten. Sie hob die Arme über den Kopf und sog den Blumenduft ein, der von den Kleewiesen aufstieg. Jetzt, da die Mitternacht vorüber war und man die Sonne erwartete, wehte ein kühlender Nachtwind. Hin und wieder wurde ein kleines Kleeblatt umgedreht, daß man seine Unterseite sah, die silbern im Morgengrauen glänzte. Es war, als hätten auch die Kleewiesen ihren Mittsommertanz, als sähe man ihre weißen Unterröcke unter den grünen Kleidern flattern.

Er saß neben ihr und kaute an einem Grashalm. Er wußte nicht recht, wie er beginnen sollte. Aber in dieser Nacht, das hatte er sich vorgenommen, sollte sie die Seine werden. Er wollte sie haben, ehe jemand anders hier aus dem Dorfe oder aus Stockholm käme und sie nähme. Denn sie war nicht leicht zu erobern. Nein, wahrlich nicht. Andere Mädchen konnte er haben, wenn er nur mit dem kleinen Finger winkte, aber Grunissas Kerstin nicht, nein.

Plötzlich stand Kerstin auf.

„Jetzt mußt du mich nach Hause fahren, Mats", sagte sie, „es ist schon spät."

Aber Mats vom Öjehof blieb auf der Treppe sitzen und kaute an seinem Grashalm.

„So eilig haben wir es wohl nicht", sagte er. „Es ist doch Mittsommernacht."

„Ich habe es Vater und Mutter versprochen."

Mats lachte hart.

„Vater und Mutter versprochen! Du bist doch kein kleines Mädchen mehr. Du bist doch mündig. Und ich dachte, daß ich mehr für dich bedeutete als Vater und Mutter. Aber ich habe mich vielleicht geirrt."

Kerstin setzte sich wieder. Es war etwas in Mats Haltung, das sie zugleich rührte und zweifeln ließ. Sein jungenhafter Kummer darüber, daß sie nach Hause wollte, rührte sie, aber sie zweifelte an seiner Aufrichtigkeit. Mats war in einer Gemütsverfassung, in der ein Mann bisweilen sein kann, wenn er alle seine Karten ausspielt, um seinem blinden Verlangen zu folgen.

Als Mats sah, daß Kerstin sich hinsetzte, gewann er seine Selbstsicherheit wieder. Er legte seinen Arm um sie und zog sie heftig an sich. Aber er spürte, wie Kerstin gleichsam erstarrte. Nein, man konnte sie nicht nehmen, wie man andere Mädchen nahm. Sein Griff um ihre Taille erschlaffte, und er warf den Grashalm, den er noch in der Hand hielt, weit von sich.

„Kerstin, du machst mich verrückt", sagte er. „Begreifst du denn nicht, daß ich nicht länger warten kann? Begreifst du denn nicht, daß du deine wahnsinnige Idee, Hebamme zu werden, aufgeben mußt?"

„Hebamme!" Er wiederholte das Wort verächtlich lachend.

102

Das Wort klang lächerlich in einer Mittsommernacht zwischen grauen Heuschobern und tanzenden Kleewiesen, während das Farbenspiel der Morgendämmerung die Herrlichkeit der Erde umschimmerte.

Kerstin war plötzlich ganz blaß geworden. Aber im nächsten Augenblick stieg ihr das Blut in die Wangen. Sie legte ihre Hand auf Mats Arm.

„Willst du mich einmal anhören, Mats?" fragte sie. „Ich habe dir nie erzählt, warum ich gerade diesen Beruf lernen möchte. Aber jetzt möchte ich es dir gern erzählen."

Mats nickte, denn er dachte, wer Zeit gewinnt, der gewinnt alles. Er dachte an ganz andere Dinge als an die Gründe, warum ein junges Mädchen Hebamme werden wollte. Anfangs lauschte er recht unwillig und zerstreut, doch allmählich ergriff ihn Kerstins Geschichte so sehr, daß er eine lange Zeit völlig vergaß, warum er Kerstin auf die alte Alm hinaufgefahren hatte.

„Ich war erst fünfzehn Jahre alt", begann Kerstin, „als ich an einem dunklen Novemberabend von einem Besuch aus dem Nachbardorf nach Hause ging. Wie ich an Dovänget vorbeikam, das, wie du weißt, mitten im Wald zwischen den Dörfern liegt, hörte ich jemand gellend und verzweifelt rufen. Der Ruf kam aus der Dovängate, in der Skojar-Inez wohnte. Du erinnerst dich vielleicht an sie, die Frau mit den vielen Kindern, deren sich die Gemeinde nacheinander annehmen mußte. Zuerst hatte ich solche Angst, daß ich fortlaufen wollte. Aber dann faßte ich Mut und ging in die Kate.

Drinnen leuchtete ein Kerzenstumpf in einer Flasche, und Inez lag im Bett mit aufgerissenen Augen und schrie in einem fort. Als sie mich sah, war sie plötzlich ganz still. Aber dann schrie sie mir zu: ,Was stehst du da und glotzest, Göre, begreifst du denn nicht, daß ich ein Kind kriege? Lauf nach der Hebamme, lauf, sage ich.'

Und ich lief. Nie in meinem Leben bin ich so schnell gelaufen. Es war eine Viertelmeile. Als ich ankam, war die Rudins-Mutter nicht zu Hause. Ich erfuhr, wo sie war, und lief dorthin. Ich habe mich immer vor Rudins-Mutter gefürchtet, sie war nicht so, wie eine Hebamme sein muß. Als ich auf den Hof kam, wo sie war, wickelte sie gerade ein neugeborenes Kind. Aber nicht mit weichen Händen, sondern hart und zornig. Als ich ihr sagte, wie es um Inez stünde, lachte sie nur.

,Lauf zurück und sage ihr, daß sie sich etwas gedulden soll. Aber du kannst schon Wasser aufsetzen. Ich muß diesen Rotzbengel erst hinlegen.'

Ich wagte es nicht, Rudins-Mutter zu widersprechen. Ich wagte nicht einmal, zu Hause hineinzuschauen, als ich durch unser Dorf lief. Ich wußte nur, daß ich Inez helfen mußte, ehe Rudins-Mutter kam. Denn ich begriff, daß sie sich nicht beeilen würde. Als ich nach Dovänget kam, hörte ich Inez schon von weitem schreien.

Aber sie verstummte, als ich hereinkam, lag nur jammernd da und stöhnte bisweilen. Sie war schweißgebadet, und es war kalt in der Kate. Ich zündete im Herd Feuer an und setzte den größten Wassertopf auf, den ich finden konnte. Aber es gab nur noch etwas Wasser im Eimer neben der Tür. Ich holte mehr Wasser. Es war ein weiter Weg zum Brunnen, und ehe ich zurückkam, begann Inez wieder schrecklich zu schreien. Ich ging ans Bett und versuchte, es in Ordnung zu bringen, aber sie schrie nur, ich solle sie in Ruhe lassen. Da versuchte ich, in der Kate sauberzumachen, denn da sah es entsetzlich aus. Ich trug die Flickenmatte hinaus und schüttelte sie, scheuerte den Fußboden und setzte mehr Wasser auf, um aufwaschen zu können.

Ich wurde mit dem Aufwaschen fertig, ehe Rudins-Mutter endlich kam. Da wollte ich fortgehen, aber Rudins-Mutter brüllte mich an: ,Hast du ihr noch nicht einmal die Kleider ausgezogen? Hast du nicht das kleinste bißchen Verstand, Mädchen? Zieh Inez aus, und zwar sofort!'

Ich weiß noch, daß mir übel wurde, als ich Inez anfassen mußte. Sie wehrte sich, aber Rudins-Mutter brüllte sie an, sie solle sich zusammennehmen. Schließlich konnte ich ihr die Kleider ausziehen und ihr Bett in Ordnung bringen. Da wollte ich wieder fortgehen, aber Rudins-Mutter behielt mich dort. Und ich mußte all das Entsetzliche mitmachen, was geschieht, wenn ein Kind zur Welt kommt. Einmal wäre ich fast ohnmächtig geworden. Da ergriff Rudins-Mutter die Branntweinflasche und wollte mir ein Glas voll Branntwein einflößen. Aber ich biß die Zähne zusammen und wollte nicht schlucken. Inez bekam statt dessen das Glas. Sie bekam mehrere Gläser. Ich glaube, sie war betrunken, als sie schließlich das Kind gebar. Und jetzt hinterher begreife ich, daß Rudins-Mutter es vielleicht gut mit ihr meinte, wenn sie es auch nicht besser verstand.

Zweierlei dachte ich in jener Nacht. Erstens: wenn das Kinderkriegen so war, dann wollte ich nie Kinder gebären. Zweitens: ich wollte Hebamme werden.

Du mußt bedenken, Mats, daß ich erst fünfzehn Jahre alt war, und wenn ein Mädchen fünfzehn Jahre alt ist, nein, du kannst nicht verstehen, wie man da alles empfindet. Aber ich wußte: wenn es nun einmal in der Welt so ist, daß Frauen Kinder gebären müssen, dann wollte ich ihnen helfen. Ich wollte ihnen auf eine andere Art helfen als Rudins-Mutter. Ich wollte mit Freundlichkeit und Mitgefühl zu ihnen kommen, ich wollte die Kleinen mit weichen Händen anfassen und ein neugeborenes Kind nicht einen Rotzbengel nennen. Ich wollte eine Gebärende nicht betrunken machen, wenn sie ihr kleines Kind an die Brust nehmen soll.

Und siehst du, Mats, das ist seitdem mein Traum gewesen. Die Zeit kam mir so endlos lang vor, bis ich so alt war, daß ich in die Hebammenschule gehen durfte. Und ich möchte dort so gern fertig werden, ich wollte so gern helfen. Danach habe ich mich in all diesen Jahren gesehnt seit jener Nacht in Skojar-Inez' Kate. Ihr Burschen lacht vielleicht nur darüber, daß ein junges Mädchen Hebamme werden will. Und doch hat euch einmal eine Hebamme geholfen, zur Welt zu kommen, und eine Hebamme wird euren eigenen Kindern dazu verhelfen. Und du magst mir glauben, daß es jetzt nicht mehr viele von der Sorte der Rudins-Mutter gibt. Außerdem habe ich auch gelernt, sie mit anderen Augen anzusehen. Ich begann zu verstehen, daß unter den rauhen Zügen und den scharfen Worten doch das Herz einer Frau schlug. Niemand kann sich mit kleinen Kindern beschäftigen, ohne ein Herz für sie zu bekommen.

Ja, Mats, das ist meine Geschichte", sagte Kerstin. Sie strich mit ihrer weichen Hand über Mats Ärmel.

Mats saß schweigend da. Er hatte völlig den Faden verloren. Kerstin war so weit von ihm entfernt, viele Meilen entfernt. Und doch rührte sich etwas anderes in ihm, etwas ganz anderes als das, was ihn vorhin beherrscht hatte, etwas, was ihm sagte, daß kein Mädchen in der Welt so wie Kerstin sei. Aber ein bohrender Verdacht stieg in ihm auf.

„Hör mal, Kerstin", sagte er. „Was du da von Kindern sagtest, daß du nie Kinder haben wolltest. Denkst du noch immer so?"

Kerstin lächelte und errötete gleichzeitig. „Du mußt verstehen, Mats, ich war damals erst fünfzehn Jahre alt. Man denkt anders darüber, wenn man erwachsen ist. Aber Kinder, weißt du, gehören mit der Liebe zusammen. Wenn man wirklich liebt, dann hat man keine Angst, Kinder zu gebären."

„Gibt es einen, den du wirklich liebst?"

Kerstin antwortete nicht.

„Willst du mir meine Frage nicht beantworten?"

„Nun, wenn du es wissen willst: Ja, da ist einer, den ich wirklich liebe."

„Willst du mir nicht sagen, wer das sein kann?"

„Du kannst ja raten", sagte Kerstin schelmisch.

Mats stieg das Blut zu Kopf. Jetzt war er wieder er selbst, Mats, der Eroberer, nicht jene sonderbare Figur, die er vorhin gewesen war, nichts Ungewohntes, Fernes.

Er wandte sich heftig an Kerstin.

„Ich habe dich noch nie gefragt, aber jetzt frage ich dich: Liebst du mich, Kerstin?"

Kerstins Blick wurde seltsam tief. Ihre Augen wurden seltsam groß und warm. So hatte ihn noch nie ein Mädchen angesehen.

Und Kerstin sagte leise, mit einer Stimme, deren Klang Mats noch nie zuvor gehört hatte: „Ja, Mats, ich liebe dich."

Diese Worte verwirrten Mats völlig. Er wußte nicht, wie er sich Kerstin gegenüber verhalten sollte! Was tut man sonst, wenn ein Mädchen einem sagte, daß sie einen liebte? Oh, das wußte er recht gut, Mats, der Eroberer. Doch dann sagte er etwas, was er noch nie einem anderen Mädchen gesagt hatte: „Willst du mich heiraten?"

„Ja, Mats, das will ich."

Wieder kamen ihre Worte so leise wie ein Windhauch, der mit den tanzenden Kleeblättern spielte.

„Aber wann ... du wolltest ja ... dein Hebammenexamen ..."

„Wenn du willst, Mats und wenn du mich wirklich liebst, dann gebe ich alles andere auf. Es ist etwas Größeres, Kinder zu gebären, als ihnen in die Welt zu helfen. Das weiß ich jetzt. Ich habe jetzt keine Angst, da ich dich liebe. Ich habe in der Bibel gelesen: ‚Furcht ist nicht in der Liebe.' Und ich weiß jetzt, daß es wahr ist."

Mats empfand wieder diese seltsame Spaltung in seinem Wesen. Jetzt wich wieder der „gewohnte" Mensch zurück, und der „ungewohnte" kam zum Vorschein, der Sachen und Dinge dachte und tat, die sentimental waren, oder wie man es nun nennen sollte. Und er sagte Worte, die er sonst nie gesagt haben würde: „Aber ich … aber ich … Kerstin … ich bin deiner gewiß nicht würdig … ich habe andere Mädchen gehabt …"

„Ich weiß das, Mats. Aber ich glaube nicht, daß du wirklich geliebt hast. Vielleicht tust du es jetzt auch nicht?"

„Oh, ich liebe dich, Kerstin. Ich habe nie jemand so geliebt wie dich."

„Das sagen Männer immer zu Frauen, lieber Mats, aber die Liebe ist nicht das, was man sagt, sondern viel mehr. Sie ist das, was man in seinem Innersten ist, wenn man wahr ist, sie ist das, was in uns handelt. Und ich glaube, daß es etwas in dir gibt, was wirklich lieben kann, Mats, und daran glaube ich. Aber jetzt mußt du mich doch nach Hause fahren."

Als sie auf den Grunissa-Hof kamen, ging die Sonne auf. Mats winkte durchs Autofenster einer Mädchengestalt nach, die in ihrem sommergrünen Kleid auf der Treppe stand. Das Kleid wehte im Winde, und ein weißer Unterrock leuchtete wie die Kleeblätter vorhin auf der Wiese. Und Kerstin kroch in ihre Schlafkoje neben ihre kleine Schwester. Mats aber fuhr auf den Tanzplatz zurück und holte sich ein anderes Mädchen.

Zehn Jahre waren vergangen. Kerstin war Hausfrau auf dem Öjehof, und der Wohlstand wuchs jährlich, während Mats gute Geschäfte im Holzhandel machte und Kerstin den Haushalt besorgte und Kinder gebar.

Aber schon als sie mit dem ersten Kinde ging, betrog Mats sie. Sie erfuhr, daß er gerade in der Mittsommernacht mit einem Mädchen auf die gleiche Alm hinaufgefahren war, wo er ein Jahr zuvor um sie gefreit hatte.

Sie machte keine Szene. Es war, als habe sie gewußt, daß es so kommen müsse. Doch sie ging zu ihrer Mutter auf den Grunissa-Hof und weinte sich in ihren Armen aus, dann kehrte sie auf den Öjehof zurück und erfüllte dort ihre Pflichten.

Als der Mann erfuhr, daß sie von der Sache wußte, bat er sie um Verzeihung und sagte, daß es jetzt nicht wieder vorkommen würde. Sie senkte nur leise den Kopf. Sie fühlte, daß seine Reue nicht allzu tief war. Er schien sich eher zu ärgern. Er spürte, daß sie ihm nicht glaubte und machte ihr später Vorwürfe, wenn so etwas wieder geschah. „Hättest du mir nur geglaubt, dann …"

Jahre vergingen, und Mats wurde immer wohlhabender. Er baute den Öjehof zu einem Herrenhof um. Er hatte häufig Gäste, Direktoren von Aktiengesellschaften und Holzfirmen. Und Mats wurde immer mehr in die Geschäfte hineingezogen, schließlich nannte man ihn Disponent und betraute ihn mit vielen Dingen. Er wurde in Aufsichtsrat und Ausschüsse gewählt. Er sollte sogar als Reichstagsabgeordneter vorgeschlagen werden. Aber das lehnte er ab. Es würde ihn bei seinen Geschäften hindern und lag ihm nicht.

Es vergingen wieder zehn Jahre. Der älteste Sohn hatte sein Abitur gemacht und besuchte die Forsthochschule. Kerstins Eltern waren beide tot. Die Mutter war aus Kummer über das Unglück ihrer Tochter gestorben, und der Vater war ihr kurz darauf gefolgt. Eine Zeitlang war ihr Hof verpachtet. Jetzt stand das Haus leer. Kerstin fuhr bisweilen hin, um sich dort auszuruhen. Mats hatte den Hof verkaufen wollen, aber Kerstin wollte es nicht. Der Hof gehörte ihr.

Es war ihr erster Streit gewesen, als Kerstin einen Ehevertrag machen wollte. Sie konnte nie den harten Blick vergessen, den ihr Verlobter ihr zugeworfen hatte, als sie vor der Trauung mit ihrem Vertrag kam, in dem sie alles, was ihr gehörte, vom elterlichen Hof mit Land und Wald bis zu den einfachen Schmucksachen, die sie von der Großmutter geerbt hatte, altmodischen Broschen und Ringen und Spangen, auf ihren Namen hatte überschreiben lassen. Er war nur dieses Ehevertrags wegen tatsächlich den ganzen Hochzeitstag schlechter Laune gewesen.

Nein, Kerstin würde ihren elterlichen Hof nie verkaufen. Sie hatte ein dunkles Gefühl, daß sie dort eines Tages wohnen würde. Einmal würde alles ganz anders werden, als es augenblicklich war. Sie hatte es jetzt in jeder Weise allzu gut. Sie besaßen zuviel Geld, sowohl sie als auch der Mann und die Kinder. Der älteste Sohn gab auf den Festen der Forsthochschule beträchtliche Summen aus. Und sie wußte, daß Mats große Wechsel einlösen mußte, die er in einem Unverstand unterschrieben hatte. Es hatte am Weihnachtsabend, als Birger nach Haus gekommen war, einen heftigen Auftritt zwischen Vater und Sohn gegeben.

Weihnachten war sonst die einzige Zeit im ganzen Jahr, in der die Familie zusammenkam und alles wie früher war. Doch auch die Feiertage waren irgendwie zu verschwenderisch. Kerstin hatte bisweilen ein unangenehmes Gefühl, daß alles eines Tages zusammenstürzen würde.

Eigentlich war es ja schon längst zusammengestürzt. Was war das für ein Leben, das sie führte? Mit einem Mann, der sie betrog, mit Kindern, die zwischen ihrem Willen zu Ordnung und Ehrlichkeit und dem schlechten Beispiel des Vaters, der ein Verschwender und Zechbruder war, hin- und hergerissen wurden. Denn mit den zunehmenden Geschäftserfolgen war auch ein immer größerer Alkoholgenuß verbunden. Mußten wirklich alle Geschäfte mit Alkohol abgeschlossen werden?

Manchmal war Kerstin so verzweifelt über ihr Leben, daß sie am liebsten ins Wasser gegangen wäre. Aber das durfte sie der Kinder wegen nicht. Solange sie klein waren, hielten sie zu ihr. Als sie größer wurden, zog es sie zum Vater. Er schlug ihnen nie etwas ab, weder Geld, noch Kleidung, noch Vergnügungen. Mutter ist nur geizig, hieß es, Vater ist gut. Mats war freundlich zu den Kindern, aber ach, sehr unvernünftig.

Jetzt ging es wieder auf Weihnachten.

Nach zwei Kriegsjahren war die Welt so zerstört, daß die Holzpreise in die Höhe stiegen. Mats spekulierte mehr, aber auch leichtsinniger als je. Er war jetzt nie zu Hause, es sei denn, daß ihn ein gutmütiger Zechbruder gegen Morgen nach Hause fuhr, wenn er sinnlos betrunken war.

Kerstin tat mechanisch ihre Pflicht gegen ihren betrunkenen Mann. Hatte sie sich ein solches Leben gewünscht? Hatte sie in jener ersten Mittsommernacht hiervon geträumt, als sie ihren Jugendtraum, Hebamme zu werden, geopfert hatte, um der Stimme ihres Herzens zu folgen? Empfand sie wirklich noch Liebe für den Mann, der da wie ein Wrack lag und seinen Rausch ausschlief?

An einem dunklen Herbstabend ging sie zu ihrem alten Pfarrer, der sie konfirmiert hatte. Sie konnte nicht mehr weiter. Sie saß im Studierzimmer des Pfarrers und erzählte ihr ganzes Leben.

Der alte Pfarrer hörte sich Kerstins Geschichte freundlich an.

Als sie geendet hatte, sagte er: „Vielleicht wird dir früher geholfen, als du ahnst, Kerstin."

Kerstin hob erstaunt ihr Gesicht und trocknete sich mit einem fest zusammengefalteten Taschentuch ihre Tränen ab.

„Ja, verzeih, aber du willst doch, daß ich dir die Wahrheit sage", fuhr der Pfarrer fort.

„Die Wahrheit … ich versteh nicht …" murmelte Kerstin.

„Ja, die Wahrheit über die Geschäfte deines Mannes", antwortete der Pfarrer.

„Die Geschäfte meines Mannes, sind sie nicht gut?"

„Sie sind gut gewesen, ungewöhnlich gut sogar. Aber er hat immerfort leichtsinnig spekuliert. Wenn das Gerücht wahr ist, dann ist er bald ruiniert."

Kerstin hatte noch nie in ihrem Leben ein so seltsames Gefühl gehabt, wie es sie jetzt befiel. Zuerst wurde es ihr schwarz vor den Augen, aber dann tauchte ein Licht vor ihr auf.

„Meinen Sie, Herr Pfarrer", sagte sie, „meinen Sie, daß wir vielleicht arm werden?"

„Nicht vielleicht", antwortete der Pfarrer, „völlig verarmt, sofern nicht …"

„Sofern nicht was?"

„Sofern du nicht noch dein väterliches Erbe besitzest. Ich glaube mich zu erinnern, daß ich einen Vertrag unterschrieben habe, ehe ich euch traute."

„Das haben wir noch. Ich meine, ich habe es noch. Mats hat den Hof verkaufen wollen, aber ich bin nie darauf eingegangen. Oh, Herr Pfarrer, wie glücklich bin ich, daß wir arm sind!"

Und nun brach Kerstin in Tränen aus. Sie hatte wohl häufig geweint, aber nie so wie jetzt. Es war, als ob sich etwas in ihr löse, als würde sie wieder zum Leben und wieder zur Liebe geboren. Oh, jetzt würde sie wieder lieben können und dürfen. Jetzt würde das gebraucht werden, was keiner gebraucht und keiner je begehrt hatte.

Der Pfarrer legte seine Hand auf ihre Schulter.

„Du mußt schnell nach Haus gehen, Kerstin. Du wirst dich deines Mannes annehmen müssen."

Kerstin fuhr in die Höhe in plötzlicher Unruhe.

„Meines Mannes?"

„Ja, ich weiß nicht, wie er es tragen wird. Vielleicht braucht er dich gerade jetzt."

Der alte Pfarrer sprach richtiger, als er vielleicht selbst ahnte.

Als Kerstin nach Haus kam, sah sie, daß ihr Mann auf dem Wege in sein Kontor war. Er wollte die Tür hinter sich schließen, aber Kerstin setzte den Fuß dazwischen.

„Was willst du hier?" Er wandte sich schroff zu ihr um.

„Ich will mit dir reden."

„Wir haben nichts miteinander zu reden."

„Oh, Mats, laß mich mit dir reden."

„Ich habe keine Zeit."

„Du mußt Zeit haben, Mats."

„Dann komm herein. Aber mach es schnell. Willst du Geld haben?"

Mats ging an seinen Schreibtisch und setzte sich in seinen Kontorstuhl. Kerstin setzte sich auf den Stuhl ihm gegenüber, wo die „Kunden" zu sitzen pflegten. Sie hatte noch Hut und Mantel an.

Plötzlich sah sie, daß der Mann einige Papierbogen nahm und sie auf einen Gegenstand legte, den er offenbar verbergen wollte. Kerstin fuhr blitzschnell mit der Hand unter das Papierbündel und zog einen Revolver hervor.

Der Mann lächelte kalt.

„Du kannst mich nicht hindern", sagte er, „ich habe noch einen." Er steckte seine Hand in die Tasche und zog eine glänzende schwarze Pistole hervor.

Kerstin sah ihren Mann an. Er sah unendlich müde aus, hatte dunkle Ringe unter den Augen und tiefe Stirnfalten.

„Es hat keinen Zweck mehr", sagte Mats. „Geh fort, Kerstin. Es wird Zeit, daß du von mir befreit wirst. Du hast eine Hölle mit mir gehabt. Du warst zu gut für mich."

„Mats, hör mich an", sagte Kerstin. Sie konnte sich nur mit Mühe beruhigen und die richtigen Worte finden.

„Mats, hör mich an. Ich liebe dich, und ich will arm mit dir werden."

Mats lachte hart.

„Lieben? Arm? Was würde das für ein Leben werden. Für mich, für dich, für die Kinder?"

„Mats, hör mich an. Wenn du dir das Leben nimmst, dann folge ich dir. Aber die Kinder müssen leben. Du kannst ihnen nicht das Leben nehmen. Wenn du sie verläßt und wenn ich sie verlasse, müssen sie doch leben. Sie müssen leben, und wir müssen um ihretwillen leben. Hörst du? Mats, wir müssen um ihretwillen leben. Hörst du mich? Warum antwortest du nicht? Wir müssen leben, der Kinder wegen, Mats."

„Aber was für ein Leben, Kerstin, was für ein Leben!"

„O Mats, es wird ein herrliches Leben werden. Wir werden arm sein, wir werden arbeiten. Endlich werden wir anfangen zu arbeiten. Mats, ich hasse den Reichtum, ich hasse das Geld. Du hast Geld gescheffelt und uns mit Geld überschüttet, mich und die Kinder."

„Du weißt nicht, was du redest, Kerstin. Geld, das ist doch auf alle Fälle das Leben."

„Nein, Mats, das ist es nicht. Leben ist Lieben, Streben und Arbeiten. Und jetzt wollen wir endlich anfangen, richtig zu leben, wenn wir nur zusammenhalten und einander näherkommen. Die Armut wird das machen. Wir werden einander helfen. Wir wollen wieder neu anfangen, wir wollen arbeiten."

„Kerstin, du verstehst es nicht. Wir haben nichts. Dieses Haus gehört uns nicht mehr. Wir besitzen nichts, nicht einmal die Kleider auf unserem Leibe."

„Du hast recht, Mats, aber wir haben einander. Wir haben einander, du und ich, wir haben unsere Kinder, und sie haben uns, sie müssen uns behalten. Versprich mir, Mats, daß du bei uns bleibst."

„Ich kann nicht. Ich kann nicht in Schanden leben. Ich habe so viele mit hineingezogen. Es ist ein Wunder, wenn ich nicht geradezu ins Gefängnis komme."

„Nun, und wenn es auch so sein sollte" – Kerstin bemühte sich, mit fester Stimme zu sprechen –, „dann werden wir auch durch das Gefängnis kommen. Du und ich, Mats, wir werden hindurchkommen. Und ich werde auf meinem alten Hof auf dich warten."

Mats hob den Kopf und sah Kerstin an. Aber er sah nicht den

Hof. Er sah seine Frau. Zum ersten Male sah er richtig, was für eine Frau er hatte. Das, was sein anderer Mensch bisweilen geahnt hatte, daß sie keiner anderen glich, das sah er jetzt.

Er stand auf und ging zu ihr. Er fiel auf die Knie und verbarg seinen Kopf in ihrem Schoß. Er weinte, der große, starke Mann.

„Oh, Kerstin, liebst du mich denn noch, trotz allem? Kannst du mir alles, alles verzeihen?"

Kerstin strich ihm leise über den Kopf.

„Ja, Mats", flüsterte sie. „Ich liebe dich, ich habe dich immer geliebt, und ich habe dir immer alles verziehen."

Mats hob seinen Kopf und sah sie durch Tränen an.

„So eine Frau! Mir dir möchte man wahrlich wieder arm werden."

Sie feierten Weihnachten auf dem alten Grunissa-Hof. Mats war Pächter bei seiner Frau. Birger kam von der Forsthochschule zurück und Birgit von der Mädchenschule der Stadt. Sie kamen mit all ihren Oberklassengewohnheiten auf einen „einfachen Bauernhof", wie Birger sich höhnisch ausdrückte. Weder er noch Birgitta ließen sich bewegen, mit in die Weihnachtsmette zu gehen. Es war ein weiter Weg, und ein Auto besaßen sie nicht mehr.

Aber sie saßen doch zu fünfen in der Kirchenbank. Die Leute begrüßten den gestürzten Gemeindekönig etwas verlegen, der jetzt Pächter geworden war und beim Winterthing vor Gericht erscheinen sollte. Aber er trug seinen Kopf hoch und trotzig wie früher, und seine Frau lächelte wie eine glückliche Braut allen entgegen. Die Kleinen begriffen nichts, waren aber vielleicht etwas verwirrt über all das Neue, das plötzlich zu Weihnachten geschehen war. Dachten, daß sie zwar nicht so viele Geschenke bekommen hätten wie sonst, aber daß es doch in dem alten Haus, in das sie gezogen waren, recht lustig sei. Und sie freuten sich, daß Mama und Papa jetzt immer zu Hause waren.

Man kann die Weihnachtsmette auf vielerlei Arten erleben. Viele erleben wohl meist nur die Stimmung. Aber es kann auch geschehen, daß Worte und Texte für Menschen lebendig werden, bei denen die Lebenserfahrungen die Tür zu den reichen Geheimnissen des Gotteswortes geöffnet hatten.

So war es mit Kerstin, und vielleicht auch mit Mats. Als sie den Choral sangen, schob Kerstin ihren Arm in den ihres Mannes und hielt ihm das Gesangbuch hin. Und er hörte sie mit einem Klang in der Stimme singen, den er seit einem Mittsommerabend auf einer Heuschobertreppe nicht gehört hatte:

„Sei mir willkommen edler Gast! Den Sünder nicht verschmähet hast und kommst ins Elend her zu mir, wie soll ich immer danken dir?"

Mats warf heimlich einen Blick auf seine Frau und seine drei kleinsten Kinder. Und zum ersten Male begriff er, was der Reichtum der Armen war.

Ein Landfiskal auf Urlaub

„Ja, weiter wäre es dann nichts", sagte der Landfiskal Hebbert, nachdem er seinen Vertreter in die laufenden Geschäfte eingeführt hatte.

Der Vertreter stand auf. „Dann wünsch' ich dem Landfiskal einen guten Urlaub."

Hebbert gab ihm die Hand. „Vielen Dank."

In diesem Augenblick trat der Gendarm Rapp in die Tür.

„Jetzt ist es in Ulvdala wieder soweit."

„Was ist in Ulvdala wieder soweit?"

„Jansson brennt Schnaps."

Der Landfiskal biß sich ärgerlich auf die Lippe.

„Rapp weiß, daß ich an diese Geschichte nicht glaube."

Rapp schwieg und sah unergründlich aus wie immer.

Der Vertreter reckte sich.

„Der Landfiskal hat jetzt Urlaub", sagte er. „Ist es etwas Dienstliches, werde ich die Sache ordnen." Rapp sah den Vertreter in einer Weise an, die ihn veranlaßte, sich noch mehr zu recken als zuvor.

Hebberts Ärger hatte sich gelegt. Er sah eher belustigt aus. Er reichte Rapp die Hand.

„Ihr beiden müßt die Sache mit Jansson in Ordnung bringen", sagte er. „Es wird schon gehen, wenn du meinem Vertreter ebenso gut hilfst, wie du mir geholfen hast."

Er reichte dem unergründlichen Rapp noch einmal die Hand und ging fort.

Man kann auf zwei Wegen in das Finnendorf Ulvdala gelangen. Entweder folgt man dem alten Fahrweg am Ulvfluß entlang, der sich Meile um Meile in die Einöde zieht. Oder man kann einen alten Fußweg gehen, Pfarrerweg genannt, von dem Finnendorf Nilåsen eine Meile südlich von Ulvdala.

Der Landfiskal Hebbert schlug den letzteren Weg ein.

Ihm war der Gedanke gekommen, daß er seinen Urlaub mit einem Abstecher nach Ulvdala beginnen könnte. Er war ja Junggeselle und konnte seine Freizeit anwenden, wie er wollte. Er hatte zwei alte Tanten und eine verheiratete Schwester, die immer seinen Besuch erwarteten, wenn er seinen jährlichen Urlaub nahm. Dann pflegte er ein bis zwei Wochen an der Westküste zu verbringen, wo er mit einem alten Fischer segelte. Aber er fühlte, daß er nicht die rechte Urlaubsruhe haben würde, wenn er nicht erst wieder einmal einen Versuch mit Jansson machte. Denn daß sein Vertreter und der unergründliche Rapp mit ihm fertigwerden könnten, glaubte er nicht recht.

Und jetzt wanderte er über die Moore und Berge zwischen Nilåsen und Ulvdala. In Nilåsen hatte ihn keiner erkannt. Er hatte dort nie etwas zu tun gehabt. Dort wohnten fromme Leute, alte Pietisten, die dem Gesetz nie Schwierigkeiten bereitet hatten. Ein freundlicher alter Mann, der wie ein Patriarch aus dem Alten Testament aussah, hatte ihm Unterkunft für die Nacht gegeben und ihn am Morgen ein Stück auf den Weg gebracht, bis sie an den Harpafluß gekommen waren.

„Jetzt gehst du nur an der Harpa entlang, bis du an die Quelle kommst. Dort siehst du nach Norden und kannst nicht fehl gehen."

Hebbert ging an der „Harpa" entlang. Sie trug ihren Namen mit Recht. Es klang wie Harfenspiel, wenn sie von einer Stromschnelle zur anderen unter den steilen Hängen dahinsprudelte. „Die Quelle" bestand aus einem großen Moor hoch oben auf dem steilen Bergrücken. Es war mühselig, hinüber zu gelangen. Als Hebbert aber auf der anderen Seite trocknen Boden erreicht harte, sah er nach Norden, wie der Patriarch gesagt hatte. Er blieb stehen, ergriffen von der großartigen Einöde. Gewaltige Wälder lagen dort, so weit das Auge reichte, und im Tal, zweihundert Meter fast senkrecht unter ihm, das Finnendorf Ulvdala mit einem länglichen Streifen bebauten Bodens am glitzernden Wasser des Ulvflusses entlang. Dort lagen die Höfe, grau und windzerzaust. Er sah auch Janssons Hof ganz im Westen, den größten Hof des ganzen Dorfes.

Hebbert dachte an die vielen Fahrten, die er hierher unternommen hatte, um die Geheimbrenner zu überführen. Er war immer den Fahrweg das Ulvatal heraufgefahren. Aber es hatten immer Kundschafter Wache gehalten, die schneller als der Wagen des Landfiskals die Bewohner von Ulvdala gewarnt hatten.

Es wohnten sonst gute Leute in Ulvdala. Aber wie alle Einödsbauern hatten sie eine Schwäche für Alkohol. Hebbert lächelte über eine Geschichte, die der Waldaufseher erzählt hatte: Zwei Brüder aus Ulvdala hatten ihren Lohn im Kontor abgeholt. Und als sie ihre Scheine eingesteckt hatten, sagte der eine: „Jetzt wollen wir nichts Dummes dafür kaufen, sondern alles in Pilsener Bier anlegen."

Hebbert ließ seinen Blick noch ein letztes Mal über die Weiten schweifen, ehe er den Abstieg begann. Er schnitt sich einen kräftigen Eschenstock und wünschte sich manchmal, daß sein Gepäck leichter wäre. Aber hinunter kam er.

Da er ungesehen nach Janssons Hof gelangen wollte, mußte er einen Umweg südlich um den Ulvfluß in Kauf nehmen, damit er in den westlichen Teil des Dorfes gelangte. Das war ein beschwerlicher Weg. Der Boden war sumpfig und das Buschwerk bisweilen undurchdringlich. Doch er kam hin. Hier gab es keine Brücke, er fand jedoch eine brauchbare Watstelle. Und jetzt saß er in der warmen Morgensonne und ließ sich trocknen. Er hatte einen Waldrand als Aussichtspunkt erwählt. Es war kaum acht Uhr. Hebbert zog ein Butterbrot aus dem Rucksack und eine Milchflasche, mit der ihn die Frau des Patriarchen versehen hatte.

Allein es wurde nichts aus dem Frühstück, denn in diesem Augenblick sah er Jansson mit einem Ränzel auf dem Rücken aus seiner Vorlaube kommen.

Wo mag er hingehen? fragte sich Hebbert. Geht es nach Westen, handelt es sich um Waldarbeit. Geht er nach Osten, will er „Geschäfte" machen.

Jansson ging nach Westen. Hebbert verkroch sich leise hinter einer Fichte mit herabhängenden Zweigen. Jansson bog vom Wege ab und kam fast gerade auf den Landfiskal zu. Kaum zehn Schritte entfernt ging er an Hebbert vorüber, folgte einem Pfad, der gerade den steilen Berg hinaufführte. Hebbert trocknete sich mit dem Taschentuch die Stirn.

„Prächtiger Kerl", brummte er. „Geschmeidig wie ein Tier des Waldes trotz seiner Jahre."

Hebbert ging an seinen Frühstücksplatz zurück.

Das Butterbrot war ein einziger Ameisenhaufen, die Milchflasche war umgefallen und leer. Aber der Landfiskal hatte auf etwas anderes Appetit als auf Butterbrot und Milch.

Langsam ging er nach Janssons Hof hinunter. Hier wimmelte es von alten grauen Häusern: Scheunen und Schuppen, Speichern und Hütten, seit Jahrhunderten mit Gerümpel angefüllt. Ideale Verstecke für Brennereiapparate und anderen Schund. Das Wohnhaus war ein längliches Gebäude, das im Osten an einen Stall anschloß. Alles war grau, von der Sonne gebleicht, vom Wind abgeschliffen und hatte die Farbe eines Wespennestes. Hebbert ging die schwankenden Treppenstufen zur Vorlaube hinauf und klopfte an. Er hörte ein Kind schreien und eine gellende Frauenstimme, die das Kind anfuhr. Er trat ein.

Hier drinnen war es auffallend sauber, der Fußboden gescheuert und mit Flickenteppichen bedeckt. Aus der Kammer kam eine junge Frau. Die Schwiegertochter von Jansson. Abgesehen von der Zahnlosigkeit war sie hübsch.

„Guten Tag, Maja."

Maja knickste. Sie wirkte etwas verlegen.

„Wir haben heute keinen Länsmann erwartet."

„Nein, ihr hattet keine Botschaft erhalten, wie?"

Maja lächelte. „Um die Wahrheit zu sagen, pflegt ja sonst Janssons Bruder …"

„Ja, ich weiß. Aber du weißt wohl nichts, Maja?"

„Nein, ich weiß nichts."

„Und ist das wahr?"

„So wahr mir Gott helfe."

„Nein, mische Gott hier nicht herein. Ich habe gehört, daß Jansson wieder Branntwein brennt."

„Wenn er es tut, dann weiß ich nichts."

„Aber dein Mann, weiß er etwas?"

Maja senkte die Augen. Es trat ein verbitterter Zug auf ihr frisches Gesicht.

„Mein Mann, er trinkt nur. Aber ich weiß nicht, woher er was kriegt. Er hat kein Quittungsbuch."

„Wo ist er jetzt?"

„Er ist wohl irgendwo im Dorf. Liegt wohl in einem Hof und schläft. Vielleicht ist er bei Stina."

Maja brach plötzlich zusammen. Sie sank auf die Bank am Tisch und weinte hemmungslos, den Kopf in den bloßen, kräftigen sonnengebräunten Armen verborgen.

Das Kind in der Kammer begann zu schreien. Der Landfiskal ging hinein und nahm den Kleinen auf. Junggesellen können kinderlieb sein, und die Kinder hatten ihn merkwürdig gern. Er ging mit ihm in die Küche und setzte sich auf die Bank neben

Maja, zog seine Pfeife heraus und ließ das Kind damit spielen. Der Kleine steckte sofort die Pfeife in den Mund. Der Landfiskal mußte lachen. Das weckte Maja. Sie stand auf und wischte sich die Tränen ab.

„Wie dumm von mir, daß ich weine", sagte sie. „Das hilft doch nichts."

„Nein", sagte der Landfiskal, „hier muß etwas anderes geschehen. Sag mir ehrlich, Maja. Glaubst du, daß Jansson Branntwein brennt?"

„Was soll ich glauben? Einer tut es wohl, da sie Branntwein kriegen. Jedem Mann im Dorf ist das Quittungsheft eingezogen, und ein Händler kommt nie hierher. Und doch sind die Männer des Dorfes jeden Sonnabend besoffen und manchmal mitten in der Woche. Mein Mann ist eine ganze Woche nicht nüchtern gewesen. Und nach Hause kommt er auch nicht. Er ist wohl bei …" Maja hielt inne. Es wurde ihr schwer, den Namen auszusprechen.

Der Landfiskal sah sie fest an.

„Bei Stina", sagte er.

Maja sah ihn an. Angst und Qual lag in ihrem Blick, aber auch weiblicher Stolz und hausfrauliche Würde.

„Mein Mann würde nie bei Stina sein, wenn er nur nüchtern wäre. Er mag sie nicht leiden, aber sie trinken zusammen."

„Findest du nicht, daß es ein Fluch mit diesem Branntwein ist?" fragte der Landfiskal.

„Und ob es ein Fluch ist. Es ist der Teufel selbst. Es ist die Hölle."

„Nun, dann sind wir uns ja einig", sagte Hebbert. „Und dann willst du mir helfen?"

„Ja, wenn ich kann."

„Du brauchst nichts zu tun. Du sollst mich nur hier auf dem Hofe in Ruhe umhergehen lassen. Wann kommt Jansson nach Hause?"

122

„Er ist wohl um ein Uhr zu Hause. Bis dahin soll ich ihm Mittagessen machen."

„Und kann ich vielleicht etwas Kaffee bekommen?"

„Ja, gewiß." Maja sah etwas verlegen aus, daß sie nicht selbst daran gedacht hatte.

Der Landfiskal setzte den kleinen Jungen auf den Fußboden und nahm seine Pfeife aus einer widerstrebenden kleinen Kinderhand. Er ging auf den Hof hinaus.

Sein erster Gedanke draußen war recht profaner Natur. Er war ein Mann mit regelmäßigen Gewohnheiten. Um diese Tageszeit hatte er das Bedürfnis, sich für eine kleine Weile auf einem abgelegenen Örtchen aufzuhalten. Er fand den Ort bald.

Der Erfindungsreichtum der Leute auf dem Lande ist recht groß, wenn es sich darum handelt, den kleinen idyllischen Pavillon auf dem Hofe unterzubringen. Manchmal wird er mit viel Sorgfalt errichtet, und nicht selten führt eine Treppe hinauf. So war es auch auf Janssons Hofe. Und geräumig war der Ort. Hier konnte sich die ganze Familie treffen, wenn sie es wollte. Und die erforderlichen runden Sitzplätze waren, was die Größe betraf, in aufsteigender oder absteigender Reihe angebracht, je nachdem, von wo man ausging. Der Landfiskal ließ sich auf dem Platz nieder, der der Größe nach zu urteilen dem Hausvater gehörte. Während man sich an so einem Orte aufhält, hat man gut Zeit nachzudenken, und das hatte der Landfiskal gerade in der Sache, die er unternommen hatte, nötig.

Er mußte daran denken, daß gerade ein solcher Platz ein geeignetes Versteck für so ein dunkles Geschäft wie Geheimbrennerei sein könnte.

Nach vollendeter Verrichtung stellte der Landfiskal eine gründliche Untersuchung des umfangreichen Gebäudekomplexes an und kam zum Schluß, daß sich unter dem Treppenaufgang ein genügend großer Raum finden müßte, der eine

Untersuchung wert wäre. Es war mit verschiedenen Bemühungen unbehaglicher Natur verbunden, dorthin zu gelangen, aber ein Landfiskal muß sich an allerlei gewöhnen. Durch eine Spalte zwischen einigen Brettern richtete er das Licht seiner Taschenlampe in ein dunkles Gelaß. Durch eine andere Spalte guckte er selbst hinein. Mehr bedurfte es nicht. Da drinnen thronte der Apparat. Er brauchte keinerlei Werkzeug. Eine Planke der Wand gab leicht nach, und die Sache war klar.

Jetzt erst zündete der Landfiskal seine Pfeife an. Es gibt Gelegenheiten, bei denen sogar die Nerven eines Landfiskals etwas zusammenzucken.

Als Maja herauskam, um den Landfiskal zum Kaffee zu bitten, fand sie ihn auf die Weise der Landfiskale umhergehen und suchen. Sie wunderte sich, daß er seinen Kaffee so ruhig trank, daß er Zeit hatte, mit dem kleinen Åke zu spielen, daß er dann neben ihr saß und redete, so daß sie einige dringende Arbeiten des Tages versäumen mußte. Schließlich mußte sie ihn ängstlich daran erinnern, daß Jansson jeden Augenblick nach Hause kommen könne. Wenn es hier etwas gäbe, müsse er es finden, ehe Jansson nach Hause komme. Worauf Hebbert wieder auf den Hof ging und alles durchstöberte.

Dann kam Jansson. Die Überraschung, die Jansson bei der Begegnung mit dem Landfiskal zu verbergen versuchte, entging Hebbert nicht. Während sie zu Mittag aßen, brachte der Landfiskal gleich seinen Verdacht zur Sprache. Es war ja nicht das erste Mal. Der Landfiskal meinte, daß es das fünfte Mal sei, aber Jansson behauptete, es sei das sechste Mal, daß sich der Landfiskal „vergeblich bemühte". „Ich brenne keinen Branntwein und habe nie gebrannt. Das kann ich beschwören."

Der Landfiskal sah Jansson scharf an. „Die Eidablegung ist nicht soviel wert wie die Bretter, die ich über die Haufen unter deinem Abort legen mußte, um an das Gelaß unter der Treppe zu gelangen", sagte der Fiskal, zog die Pfeife hervor und zündete sie an, ohne den Blick von Jansson zu wenden.

Jansson bewegte keine Miene. Seine Augenlider zuckten etwas. Das war alles.

„Ich merke, daß ich ertappt bin", sagte er.

„Ja, endlich bist du ertappt", sagte der Landfiskal.

Es war eine ganze Weile still im Raum. Man hörte nur einen seltsamen Laut von Maja am Herd. Sie verschwand eiligst in der Kammer. Ob es Lachen oder Weinen war, was aus ihrer Kehle drang, war nicht gut zu unterscheiden, vielleicht war es beides.

„Hör mal, Jansson, sage mir nun ehrlich, warum brennst du eigentlich?"

Jansson saß schweigend da. Er war zusammengesunken. Er tat dem Landfiskal beinah leid. Er war eigentlich ein viel zu guter Kerl, der Jansson, um so geschlagen zu werden. Ein wirklicher Großbauer, der wichtigste Mann im ganzen Dorf, wohl versorgt von seinem guten Hof, selbst seines Wissens kein Trinker, konnte kaum einen ökonomischen Gewinn davon haben, selbstgebrannten Schnaps an seine ziemlich armen Nachbarn oder an seinen etwas einfältigen Sohn zu verkaufen.

Der Landfiskal grübelte selbst darüber nach: Warum brannte Jansson eigentlich? Schließlich begann er laut zu denken.

„Jansson selbst ist kein Trunkenbold. Jansson ist sicherlich kein Geizhals. Jansson ist sicherlich gutherzig. Wenn die armen durstigen Männer im Dorfe etwas zu trinken haben wollen und auf ihre eingezogenen Quittungsbücher nichts bekommen können, dann brennt Jansson eben Schnaps für sie. Aber das ist doch nicht der Grund. Denn Jansson muß doch sehen, daß es nur zu ihrem Schaden ist. Nein, das ist es auch nicht. Aber ich glaube, ich weiß, was es ist. Jansson findet es lustig, die Obrigkeit anzuführen. Jansson ist ein freier Mann. Er will zeigen, daß er Recht und Gesetz trotzen kann. Daß er die Wächter des Gesetzes hintergehen kann, ja Gott Vater selbst. Zu versuchen, Gott den Vater zu hintergehen. Mit einem Eid, wie? Da hätte er bei seinem Tode etwas zu denken gehabt, Jansson. Wenn er bei Gott und seinem heiligen Evangelium falsch geschworen hätte. Das wäre etwas gewesen. Aber sieh, es gibt einen, der sich nie spotten läßt …"

Es war eine lange Zeit still. Auch in der Kammer war es still. Kein Laut war zu hören. Es war, als stände die Zeit still. Aber da entdeckte Hebbert, daß die alte Mora-Uhr ging. Tick tack, tick tack.

Es wurde plötzlich unbeschreiblich friedlich in der Küche. Wenigstens fand der Landfiskal das. Er war in seiner allerbesten Laune, wie sie nur ein Landfiskal haben kann, wenn er endlich nach vielen Jahren einen Brennereiapparat unter einem verschwiegenen Örtchen gefunden hat.

Er nahm seine Pfeife aus dem Mund und sah Jansson an. Der war jetzt zusammengebrochen. Die sonst so starken Schultern hingen schlaff herunter. Das Gesicht war auf die Brust gesunken.

„Jansson tut mir leid", sagte der Landfiskal. „Es tut mir leid, wenn ein ehrlicher Bauer wie ein unehrlicher Geheimbrenner eingesperrt werden soll. Es tut mir leid um diesen Hof. Um die prächtige Maja mit einem kleinen Sohn an der Brust und einem Mann, der seinen Rausch in Stinas Bett ausschläft. Das ganze schöne Dorf tut mir leid, das sich der Liederlichkeit ergeben muß, nur weil Jansson seine Ehre darein setzt, auf Gesetz und Ordnung pfeifen zu können.

Aber ich habe Jansson einen Vorschlag zu machen. Ich bin heute nicht als Landfiskal, sondern als ein gewöhnlicher Mensch hierher gekommen. Ich bin nicht im Dienst und habe hier von Amts wegen nichts zu tun. Sondern jetzt spreche ich zu Jansson als Mann zu Mann, ich möchte sagen, als Freund zu Freund, als Bruder zum Bruder.

Wenn Jansson mir ehrlich verspricht, daß es für alle Zeiten hier oben Schluß mit der Geheimbrennerei ist, dann verspreche ich, daß ich keine Sache daraus machen will, sondern daß alles ausgelöscht sein soll, ebenso wie wir diesen Apparat auslöschen, indem wir ihn heute in die tiefste Tiefe des Ulvflusses versenken. Nun, was sagt Jansson dazu?"

Jansson saß eine lange Zeit regungslos. Dann begann er, sich langsam zu bewegen. Er sah aus wie ein Schmetterling, eben der Puppe entschlüpft, die Flügel noch wie zerknitterte Blätter am Körper. Er holte Atem, seufzte. Dann begann seine Brust sich zu heben. Seine Schultern hoben sich, sein Kopf richtete sich auf. Zu allerletzt hob sich sein Blick, erst zum Tisch, dann zum Landfiskal – jetzt sah er ihn an. Der Landfiskal fand in dem Augenblick, daß seine Augen unergründlicher aussahen als die des unergründlichen Rapp.

Jansson sah den Landfiskal lange an. Er sagte nichts. Er nickte nur.

Der Landfiskal reichte ihm die Hand.

Aber obwohl die Sache nun aus der Welt geschafft war, obwohl der Apparat in den großen Teich im Westen versenkt war, wohin ihn der Landfiskal und Jansson auf einer Stange getragen hatten, obwohl Jansson Hebbert einen letzten Handschlag gegeben und dieser Maja und Klein-Åke Lebwohl gesagt hatte, war der Landfiskal Janssons nicht ganz sicher. Dieser war ja noch unergründlicher als Rapp. Konnte er wirklich in Ruhe und Frieden auf Urlaub fahren?

Hebbert hatte sich schon auf den Wagen gesetzt, den er vom Nachbardorf geliehen hatte, als Jansson ihn zurückrief.

Sieh da, dachte Hebbert. Er ist nicht sicher.

Er sprang aus dem Wagen und ging zu Jansson zurück.

„Kommen Sie herein, Herr Landfiskal! Ich habe Ihnen etwas zu sagen."

Der Landfiskal wußte, daß Waldmänner gefährlich sein konnten, wenn sie der Obrigkeit „etwas zu sagen" hatten, aber er nahm die Gefahr auf sich. Sie gingen in die Küche. Maja saß dort mit dem kleinen Åke auf dem Schoß.

„Geh mit dem Kind hinaus!" sagte Jansson. Seine Stimme klang düster entschlossen. Der Landfiskal zog seine Pfeife aus der Tasche. Er bereute, daß er statt dessen nichts anderes hatte.

„Ich wollte nur sagen", begann Jansson – er konnte nur mit Mühe die Worte hervorbringen –, „daß der Landfiskal anständig gegen mich gewesen ist, viel zu anständig. Und das soll nicht unbelohnt bleiben. Er soll eine Erinnerung von mir mitnehmen. Er soll auch den anderen Apparat haben. Es ist am besten, daß er den auch fortnimmt, dann komme ich nicht mehr in Versuchung."

Hebberts Urlaub war zu Ende. Er hatte nie einen Urlaub mit so gutem Gewissen genossen.

Wieder stand er im Büro. Begrüßte Rapp im Vorzimmer, den Vertreter im inneren Zimmer. Der Vertreter reckte sich diesmal etwas weniger.

„Nun", sagte der Landfiskal und steckte sich seine Pfeife an. „Habt ihr etwas bei Jansson gefunden?"

„Nein", sagte der Vertreter kurz.

„Nein, auch diesmal nicht", sagte der Unergründliche.